Mythes grecs

Lucilla Burn

Mythes grecs

TRADUIT DE L'ANGLAIS
PAR PAUL CHEMLA

Éditions du Seuil

Titre original : *Greek Myths*
ISBN original : 0-7141-2061-8
Éditeur original : British Museum Publications Ltd.
46, Bloomsbury Street, Londres WC1B 3QQ, Angleterre

ISBN 979-10-414-1103-0
(ISBN 978-2-02-019538-6, 1re publication)

Note de l'auteur

Faire entrer dans ce petit livre le corpus entier de la mythologie grecque était hors de question. Les mythes examinés ici relèvent bien sûr d'un choix personnel, mais on y trouvera certains des plus importants et des plus intéressants. Si l'on souhaite en savoir plus, on pourra se référer aux suggestions pour des lectures ultérieures figurant en fin d'ouvrage.

Peut-être jugera-t-on que les divers chapitres renvoient inégalement aux sources antiques. Elles ont été suivies de près, et longuement, chaque fois qu'il a semblé utile et approprié de le faire. Mais quand elles étaient nombreuses, contradictoires, tardives et sans grand intérêt intrinsèque, il n'était pas à notre avis souhaitable de briser l'allant du récit en se référant étroitement aux textes.

C'est la même motivation – présenter les mythes eux-mêmes aussi clairement que possible – qui explique l'évidente incohérence de la translittération des noms grecs. En règle générale, il a paru préférable de retenir les formes grecques – on lira donc Héraklès et non Héraclès (ni Hercule) –, mais, partout où la translittération exacte aurait pu créer un certain malaise, les formes familières dans notre langue ont été conservées, et l'on trouvera Œdipe et Circé, par exemple, en lieu et place des graphies plus grecques qu'auraient été Oidipous et Kirkè.

Le monde grec
THRACE
THESSALIE
MYSIE
HELLESPONT
Troie
Mont Ida
Mont Olympe
Dodone
Larissa
Mont Pélion
Phères
Iolkos
Pagases
SKYROS
Mont Œta
Orchomène
Aulis
Mer Égée
Delphes
Mont Cithéron
Thèbes
Marathon
ITHAQUE
Cérynie
Corinthe
Éleusis
Colone
Athènes
Mont Érymanthe
Némée
Mycènes
Épidaure
Argos
Tirynthe
Trézène
Lerne
NAXOS
SÉRIPHOS
Sparte
Mer Noire
COLCHIDE
Mont Ida
Knossos
CRÈTE

Introduction

Un jour, Perséphone, fille de la déesse du blé Déméter, se trouvait sur une verdoyante prairie en compagnie des filles d'Océan. Elle cueillait des fleurs. Il y avait en ce lieu des roses, des lys, des crocus, des violettes, des iris, des jacinthes, mais la plus belle, si l'on en croit l'hymne homérique à Déméter, était un narcisse…

> que, par ruse, Terre fit croître pour l'enfant fraîche comme une corolle, selon les desseins de Zeus […] La fleur brillait d'un éclat merveilleux, et frappa d'étonnement tous ceux qui la virent alors, Dieux immortels ainsi qu'hommes mortels. Il était poussé de sa racine une tige à cent têtes et, au parfum de cette boule de fleurs, tout le vaste Ciel d'en haut sourit, et toute la terre, et l'âcre gonflement de la vague marine.

Perséphone tendit la main vers cette fleur irrésistible, mais soudain le sol s'ouvrit sous ses pieds et de ses profondeurs bondit le char d'Hadès, roi du monde d'En-bas et frère de Zeus, son père. Il empoigna la jeune fille et, sourd à ses pleurs, à ses cris de terreur, il l'entraîna dans son royaume souterrain pour l'épouser. Seule la déesse Hékaté entendit les hurlements, et seul Hélios, dieu du Soleil, vit l'enlèvement. Mais, quand Perséphone fut arrachée au jour et à sa lumière, montagnes et rochers renvoyèrent l'écho de ses cris déchirants à Déméter, sa mère.

Folle de douleur et d'inquiétude, Déméter jeta un voile sur sa tête et, neuf jours durant, parcourut toute la terre pour retrouver sa fille, sans relâche, sans même s'arrêter pour manger. Puis Hélios lui dit ce qui s'était passé, en ajoutant que telle était la volonté de Zeus : Perséphone devait épouser son oncle. A ces mots, Déméter sentit la rage monter en elle et se mêler à la douleur. Elle quitta l'Olympe, rompit toute relation avec les autres dieux, changea d'apparence extérieure et, devenue méconnaissable, s'en fut errer sur la terre parmi les mortels.

Un jour, elle arriva à Éleusis, et se fit engager dans la maison de Kéléos, comme nourrice pour son bébé Démophon. Secrètement, elle essaya de faire un immortel de l'enfant qu'on lui confiait, en le tenant, la nuit, dans les flammes du feu. Mais la mère du nourrisson voulut savoir ce qu'elle faisait. Une nuit, elle resta éveillée. Quand elle vit son fils dans le brasier, elle hurla d'épouvante, et Déméter, furieuse, dut révéler sa véritable identité. Les gens d'Éleusis lui construisirent alors un temple, et elle y resta, négligeant totalement ses devoirs et pleurant sa fille adorée.

> Ce fut une année affreuse entre toutes qu'elle donna aux hommes qui vivent sur le sol nourricier, une année vraiment cruelle : la Terre ne faisait pas lever le grain ; car Déméter couronnée l'y tenait caché. Bien des fois, les bœufs traînèrent en vain dans les labours le soc courbe des charrues ; bien des fois, l'orge pâle tomba sans effet sur la terre.

Finalement, Zeus, roi de tous les dieux, remarqua ce qui se passait et convoqua Déméter. Mais elle refusa catégoriquement de regagner l'Olympe ou d'autoriser l'orge et le blé à pousser tant qu'elle n'aurait pas revu sa fille. Zeus envoya donc son messager Hermès dans le monde d'En-bas, avec mission de ramener Perséphone à sa mère. Hadès obéit à l'ordre de son frère. Il relâcha Perséphone et la laissa remonter dans le monde d'En-haut. Mais il était rusé : avant de la laisser partir, il lui fit manger un pépin de grenade – et cela voulait dire qu'elle devrait revenir vers lui ensuite. Perséphone et Déméter ne furent donc que temporairement réunies, et Zeus rendit en définitive le jugement suivant : la jeune fille vivrait pendant les deux tiers de l'année au-dessus du sol avec sa mère ; l'autre tiers, elle le passerait dans les ténèbres confuses du monde d'En-bas, en tant qu'épouse d'Hadès.

Déméter dut se contenter de cet arrangement. Alors, elle se mit à courir sur toute la surface de la terre : l'orge jaillit du sol et mûrit sous ses pieds. De retour à Éleusis, elle expliqua aux chefs du peuple les rites qu'il convenait d'y accomplir, en son honneur et en celui de Perséphone. Ces rites deviendraient les Mystères d'Éleusis, dont le contenu était un secret étroitement gardé. Voici tout ce que l'*Hymne à Déméter* en révèle :

> Heureux qui possède, parmi les hommes de la terre, la Vision de ces mystères ! Au contraire, celui qui n'est pas initié aux saints rites et celui qui n'y participe point n'ont pas de semblable destin, même lorsqu'ils sont morts dans les moites ténèbres.

On a récemment défini les mythes comme des « récits traditionnels pertinents pour la société ». Bien que la formule puisse sembler un peu austère, les deux propositions qui la composent s'appliquent tout à fait au mythe de Déméter et de Perséphone. Comme la plupart des autres mythes grecs, il est si « traditionnel » qu'il est à peine possible de dire quand il est né. L'*Hymne à Déméter* est la plus ancienne version développée de cette histoire, et l'on date en général sa forme actuelle du VIIe siècle avant J.-C. Mais, comme les poèmes épiques légèrement antérieurs, l'*Iliade* et l'*Odyssée*, il existait déjà probablement depuis plusieurs siècles à cette date – sous diverses formes orales, transmises de génération en génération. Il est certain que très peu de mythes grecs ont été inventés pendant la période historique. En fait, il semble bien qu'ils soient, dans leur écrasante majorité, aussi anciens que la civilisation grecque elle-même.

Le mythe de Déméter et de Perséphone est aussi tout à fait « pertinent pour la société ». La division de l'année de Perséphone entre les mondes d'En-haut et d'En-bas n'est pas seulement une image saisissante de la succession des saisons. Le mythe embrasse aussi certains des problèmes les plus fondamentaux de l'existence humaine. D'abord, il concerne l'approvisionnement alimentaire, nécessaire pour que la vie continue. Dans le monde grec, l'aliment fondamental était le pain. Quand Déméter cesse de veiller sur les cultures et que le blé ne pousse plus, l'homme est condamné à la famine. On croit savoir que les Mystères d'Éleusis étaient en partie des rites propitiatoires, où il s'agissait de se concilier Déméter afin d'assurer la fertilité des champs. Mais, en même temps, le mythe de Perséphone est une allégorie des impératifs sociaux naturels pour les filles : grandir et quitter la maison. A la fin de l'histoire, Déméter ne récupère pas sa fille sur une base permanente : Perséphone doit accepter l'idée d'avoir à accomplir son rôle d'épouse. Dans la littérature grecque du Ve siècle et des suivants, l'enlèvement de Perséphone est manifestement perçu comme le paradigme de tous les mariages. Toutes les filles pleurent quand on les arrache à leur mère, et la symbolique du mariage ne cesse d'être celle de l'enlèvement et de la mort. Comme la descente de Perséphone dans le monde des morts d'où elle ressort en tant qu'épouse, le mariage grec était un rite de passage, au cours duquel la jeune fille était séparée de sa propre famille, initiée aux fonctions d'épouse puis réintégrée dans la société, où elle pouvait de nouveau entretenir des relations avec les membres de sa famille d'origine, mais sur la base d'un statut différent. Les mythes grecs infusaient de partout la vie grecque, privée et publique. Dans la société athénienne du Ve siècle avant J.-C., par exemple, que nous connaissons bien, il est clair qu'une partie essentielle de l'éducation consistait à apprendre et à réciter des poèmes épiques sur des sujets héroïques. Dans les *sumposia*, ces réunions entre amis où l'on buvait ensemble, les participants pouvaient raconter tour à tour des histoires issues des mythes, ou écouter un récitant professionnel chanter les hauts faits des héros en s'accompagnant d'une lyre. Dans les demeures privées, on pouvait voir des vases de céramique décorés de scènes extraites des aventures des dieux et des héros. Ces mêmes vases accompagnaient leurs propriétaires dans la tombe. Les scènes mythologiques faisaient aussi l'objet, parfois, d'admirables tissages.

Si nous sortons de la maison pour gagner l'espace public, nous constatons que la plupart des grandes fêtes religieuses étaient liées à des épisodes mythologiques bien précis, que commémoraient les rites célébrés à ces occasions. A la fête de printemps des Anthestéries, par exemple, on rejouait le mariage sacré de Dionysos et d'Ariane, et un concours à qui boira le plus en silence rappelait l'épisode où Oreste, souillé du meurtre de sa mère, était venu chercher asile à Athènes. Pour respecter à son égard les lois de l'hospitalité sans porter tort aux autres – quiconque partagerait une table avec lui serait contaminé –, on décida de faire asseoir Oreste à part, et il but et mangea dans un silence total. Aux Anthestéries, donc, chacun des participants au concours s'asseyait seul à sa table et buvait silencieusement dans sa coupe. L'hymne homérique à Déméter, où le récit mythologique est parsemé d'allusions aux Grands Mystères d'Éleusis, offre un autre exemple typique de cette interpénétration constante du mythe et du culte en Grèce.

Les mythes grecs ont inspiré un grand art et une grande poésie. Les vastes fresques mythologiques qui ornaient les murs d'édifices athéniens du Ve siècle aussi importants que le sanctuaire de Thésée, le Théséion, n'existent plus aujourd'hui, et nous ne pouvons qu'imaginer, à la lecture des descriptions antiques, combien elles devaient être impressionnantes. Les peintures qui ont survécu çà et là, celle par exemple de l'enlèvement de Perséphone dans un tombeau du IVe siècle à Vergina (Macédoine), nous font subir le supplice de Tantale, en nous rappelant tout ce que nous avons perdu. Il nous reste bien plus d'œuvres de sculpture architecturale, de toutes les périodes de l'art grec. Sur les métopes sculptées du Parthénon, par exemple, nous pouvons voir des épisodes de la bataille entre les hommes et les Centaures. Le programme sculptural du grand autel de Pergame en Asie Mineure, élevé au IIe siècle avant notre ère pour honorer les dieux et glorifier la dynastie régnante, ne comportait pas seulement une représentation particulièrement vivante du combat entre les dieux et les géants, mais aussi l'un des rares enregistrements – inestimable pour nous – d'un mythe mineur, celui du héros local Télèphe. Mais les peintres et les sculpteurs n'ont pas été les seuls à trouver dans le grand corpus des mythes grecs leur « matière première » essentielle et leur source d'inspiration. Il y a eu aussi les poètes. Chaque année, lors des grandes fêtes dramatiques de l'Athènes classique, de nouvelles versions des mythes familiers – ou des reprises d'anciens succès populaires – étaient présentées au public, et, aux fêtes des dieux, on chantait des hymnes de louange et de commémoration, anciens et nouveaux. L'*Hymne à Déméter* a fort bien pu être composé pour une telle occasion. Sans les remarquables qualités poétiques de ces remodelages des antiques récits, sans l'attrait durable de leur beauté, tant notre connaissance actuelle des mythes grecs que la fascination qu'ils exercent sur nous auraient été bien moindres.

Les personnages principaux de l'*Hymne à Déméter* sont les dieux et les déesses, mais, dans la plupart des mythes grecs, les héros (et les héroïnes) jouent un rôle bien plus important. Les Grecs de la période historique aimaient à penser que leur propre époque faisait suite à l'« âge des héros ». Comme l'expliquait le poète Hésiode à la fin du VIIIe siècle avant notre ère, Zeus, roi des dieux, avait créé cinq races d'hommes successives. La première à habiter la terre avait été la race d'or. Ces bienheureux avaient vécu une vie libre de tout souci comme celle des dieux, car la terre produisait d'elle-même de quoi les nourrir. Une race inférieure les avait suivis, celle d'argent, composée d'hommes faibles de corps et d'esprit, puis ces hommes d'argent avaient été à leur tour remplacés par les hommes de bronze. Ceux-ci avaient consacré l'essentiel de leur existence à la guerre. C'étaient de grands et terribles guerriers, et ils s'étaient, par conséquent, entre-exterminés jusqu'au dernier.

Pour les remplacer, Zeus avait créé une race neuve et glorieuse, « race divine des héros que l'on nomme demi-dieux et dont la génération nous a précédés sur la terre sans limites ». C'étaient les hommes dont les mythes grecs racontent les exploits et campent les personnages. Les héros pourfendaient des monstres fabuleux, traversaient la mer pour reprendre Hélène, mouraient sur la plaine de Troie ou assiégeaient Thèbes aux sept portes. Après leur mort, ils s'en allaient jouir d'une vie semblable à celle des dieux dans les îles Fortunées, à l'extrémité de la Terre. Mais c'est à la cinquième et dernière race d'hommes qu'Hésiode le pessimiste appartenait lui-même. C'était la race de fer, dont le travail incessant ne connaissait d'autre répit que la mort. « Et plût au ciel que je n'eusse pas à mon tour à vivre au milieu de ceux de la cinquième race, et que je fusse ou mort plus tôt ou né plus tard. » A ces sentiments d'Hésiode devaient faire écho de nombreux Grecs des époques ultérieures, qui se retournaient avec regret et nostalgie vers l'âge disparu des héros, comme s'il s'agissait d'un passé – qui n'était pas si lointain – où la vie était à la fois plus noble et plus glorieuse.

Dans le concept grec du héros, la noblesse et la gloire étaient des composantes fondamentales. Si nombre de héros avaient un père ou une mère d'essence divine – le père d'Héraklès était Zeus, Thétis, la nymphe marine, était la mère d'Achille –, tous, absolument tous, étaient de naissance noble. C'étaient des rois, des princes, qui exerçaient la souveraineté dynastique sur un pays ou une cité, commandaient des armées, possédaient des richesses fabuleuses. Ils étaient invariablement beaux, athlétiques et courageux. Ils adhéraient à des normes strictes de comportement : ils se montraient respectueux envers les femmes et tous ceux qui avaient besoin de protection – les lois de l'hospitalité, par exemple, étaient sacrées, et aucun héros digne de ce nom n'aurait chassé un mendiant de son foyer. Mais la principale caractéristique des héros, c'était le souci obsessionnel de leur renommée, de leur gloire. Comme plus tard les chevaliers du Moyen Age, ils étaient prompts à saisir au vol tous les défis, qu'il s'agisse de prendre une cité ou de tuer un Minotaure.

Le monde des héros n'était pas clairement séparé de celui des dieux. Les divinités allaient et venaient constamment parmi les hommes, aidant leurs fils ou leurs protégés personnels, tendant des pièges à ceux qui avaient suscité leur courroux. Mais dieux et héros étaient tous soumis à l'autorité supérieure du Destin. Nous ne cessons de rencontrer dans les mythes des personnages qui connaissent d'avance leur destinée – Achille, par exemple, savait que, s'il allait à Troie, il y mourrait. Le Destin pouvait être révélé par des oracles, comme celui d'Apollon à Delphes, ou par des intermédiaires – les prophètes, les rêves, les présages. Mais très souvent les héros n'ont qu'une compréhension partielle de ce qui est prévu pour eux par le Destin, et leur incapacité à le reconnaître et à l'accepter peut fort bien conduire à la tragédie : c'est ce qui se passe dans le cas d'Œdipe.

Dans les chapitres qui suivent, nous allons nous intéresser aux héros bien plus qu'aux dieux. Mais les dieux sont toujours là, présents à l'arrière-plan : leurs relations, leurs passions, leurs jalousies, leurs sphères d'influence et de responsabilité sont la toile de fond sur laquelle les héros vont jouer leur drame. Avant d'aborder les mythes proprement dits, nous devons donc commencer par une petite visite aux dieux.

On appelle souvent les grands dieux et déesses des Grecs les douze Olympiens – du nom de leur lieu de résidence, le mont Olympe. En réalité, ils étaient au moins treize, entourés de nombreuses déités de moindre envergure. Le premier d'entre eux était *Zeus*, petit-fils d'*Ouranos*. Personnification du ciel, Ouranos avait couvert *Gaia*, la Terre, et elle avait donné naissance à d'innombrables enfants, dont le plus jeune était *Kronos*. Lasse de porter des enfants, Gaia avait demandé son aide à Kronos, qui avait alors tranché les parties génitales de son père avec une faucille et les avaient jetées à la mer. Kronos épousa ensuite sa propre sœur, *Rhéa*. Mais, comme il se savait lui aussi destiné à être renversé par l'un de ses enfants, il avala dès leur naissance ses trois premières filles et ses deux premiers fils. Alors qu'elle portait Zeus, Rhéa s'échappa en Crète, accoucha dans une caverne du mont Ida et laissa là le bébé aux bons soins des Nymphes. Après quoi elle alla retrouver Kronos et lui présenta une grosse pierre emmaillotée dans des langes, qu'il avala consciencieusement, croyant que c'était son dernier-né. Devenu adulte, Zeus força son père à régurgiter ses frères et sœurs aînés. Quand ils furent tous réunis, ils déclarèrent la guerre à Kronos, le vainquirent et le reléguèrent pour l'éternité dans les profondeurs du Tartare, loin sous la surface de la terre.

Puis Zeus et ses frères tirèrent au sort pour déterminer comment ils se partageraient le pouvoir. *Poséidon* reçut le contrôle des mers, *Hadès* celui du monde d'En-bas et des morts, et Zeus la souveraineté globale : il régnerait sur la terre et sur le ciel. Leurs trois sœurs étaient *Hestia*, déesse du foyer, *Déméter*, déesse des récoltes et du blé, et *Héra*, l'épouse de Zeus.

Ces six divinités constituaient la première génération des Olympiens, mais plusieurs des enfants de Zeus devinrent par la suite tout aussi importants. Certains étaient nés de Héra, les autres de mères différentes – il y en avait une longue liste. Héra donna naissance à *Arès*, dieu de la guerre, et au dieu forgeron boiteux *Héphaïstos*, ainsi qu'à *Hébé*, déesse de la jeunesse, et à *Eileithyia*, déesse de l'enfantement. L'identité des parents d'*Aphrodite*, déesse de l'amour, est controversée. On la dit tantôt fille de Zeus et de Dioné, tantôt née de l'écume qui se forma sur l'eau quand Kronos jeta les parties génitales d'Ouranos à la mer. *Athéna*, déesse de la sagesse et de la guerre, était la fille de Zeus et de *Métis*, personnification du bon conseil. Les conditions de sa naissance furent peu communes. Alors que Métis était enceinte, Zeus apprit par une prophétie que, si elle donnait naissance à une fille, elle aurait ensuite un fils qui gouvernerait l'univers. Il avala donc Métis, et, quand le temps fut venu, Athéna jaillit, parfaitement adulte et parfaitement armée, de la tête de son père, obligeamment fendue par Héphaïstos. La fille de Zeus et de Déméter était, on l'a vu, *Perséphone*, déesse du monde d'En-bas. Léto donna à Zeus les jumeaux *Apollon*, dieu de la musique et de la poésie, et *Artémis*, la chasseresse ; Sémélé porta *Dionysos*, dieu du vin ; et Maia enfanta *Hermès*, le dieu messager.

Il serait impensable ici ne serait-ce que d'esquisser une réponse à la question : « Comment les Grecs concevaient-ils leurs dieux ? » Différemment à des époques différentes, c'est sûr : leurs idées ont évolué avec les progrès de leur civilisation, avec le développement de leurs connaissances scientifiques et de leur philosophie morale. Nous devons nous contenter, pour l'instant, de prendre les dieux comme nous les trouvons dans les mythes. Les dieux des poèmes homériques, par exemple, sont on ne peut plus anthropomorphiques. Ils ne ressemblent à rien tant qu'à une famille humaine nombreuse, puissante, riche en talents divers et bruissant de querelles. L'histoire d'Arès et d'Aphrodite telle que la raconte l'*Odyssée* servira d'exemple instructif illustrant leur comportement, et de conclusion à cette introduction.

La belle Aphrodite, déesse de l'amour, était l'épouse d'Héphaïstos, dieu du feu et du travail des métaux. Mais elle s'éprit passionnément d'Arès, le dieu de la guerre.

S'il était un forgeron et un artisan sans égal, Héphaïstos était laid et boiteux, tandis qu'Arès était viril et beau. Aphrodite et son amant prirent l'habitude de se rencontrer secrètement dans le palais d'Héphaïstos, jusqu'au jour où le Soleil les vit et alla dire au dieu forgeron ce qui se passait. Furieux, Héphaïstos fabriqua sur-le-champ un filet merveilleux, aussi léger que les fils de la vierge mais aussi infrangible que le fer, invisible à l'œil nu. Il le fixa autour du lit d'Aphrodite et fit savoir à qui voulait l'entendre qu'il partait en voyage dans l'île de Lemnos. Prompt à sauter sur l'occasion, Arès s'en alla droit chez Aphrodite. Quand ils se trouvèrent dans les bras l'un de l'autre, le filet tomba et les prit au piège : ils ne pouvaient plus bouger. Héphaïstos, de nouveau prévenu par le Soleil, rentra chez lui en toute hâte et donna libre cours à sa rage. Debout dans le vestibule, il cria à tous les dieux de venir voir le couple éhonté. Si les déesses restèrent pudiquement chez elles, Poséidon, Apollon et Hermès se présentèrent. Quand ils virent l'habile artifice d'Héphaïstos, « du groupe de ces bienheureux monta un rire inextinguible ». On suggéra qu'Arès paie à Héphaïstos le prix de l'adultère, l'amende qu'en un tel cas on devait au mari. Apollon demanda à Hermès si cela l'ennuierait beaucoup d'être à la place d'Arès. Hermès lui répondit que, même si le filet était trois fois plus solide et si tous les dieux et déesses étaient là à regarder, jamais il ne laisserait passer une telle occasion de dormir aux bras d'Aphrodite. Mais le respectable Poséidon, plutôt embarrassé par l'affaire, pressa Héphaïstos de libérer les prisonniers. Quand il offrit de garantir toute rançon qu'Arès promettrait de payer, Héphaïstos finit par se radoucir et ôta les chaînes. Les amants malchanceux s'enfuirent piteusement, Arès en Thrace et Aphrodite toute déconfite dans son sanctuaire de Paphos à Chypre, où les Grâces la baignèrent, la frottèrent d'huile et la vêtirent d'une robe charmante, si bien qu'elle redevint vite un enchantement pour les yeux.

Les travaux d'Héraklès

Héraklès, le plus grand de tous les héros grecs, était le fils de Zeus et d'Alcmène, la vertueuse épouse d'un stratège thébain, Amphitryon. Zeus l'avait séduite en se donnant l'apparence extérieure de son mari absent. Quand Amphitryon rentra de guerre et découvrit ce qui s'était passé, il en conçut une telle fureur qu'il fit construire un grand bûcher, et Alcmène y aurait été brûlée vive si Zeus n'avait pas envoyé quelques nuages éteindre les flammes, et obligé ainsi Amphitryon à accepter la situation. Le bébé Héraklès ne tarda pas à révéler ses prédispositions pour l'héroïsme : il était encore au berceau quand il étrangla les deux serpents que l'épouse légitime de Zeus, la jalouse Héra, avait envoyés attaquer son demi-frère Iphiklès et lui-même. Adolescent, il tua un lion féroce dans le massif du Cithéron. A l'âge adulte, Héraklès eut une vie bien plus riche en aventures spectaculaires que n'importe quel autre héros. Tout au long de l'Antiquité, il resta immensément populaire : de multiples récits lui ont été consacrés, et d'innombrables œuvres d'art. Sur ses exploits, nos sources littéraires les plus complètes ne datent que du IIIe siècle avant J.-C., mais les références éparses et le témoignage des œuvres artistiques prouvent sans l'ombre d'un doute que la plupart de ses aventures, pour ne pas dire toutes, étaient parfaitement connues dès les temps les plus archaïques.

C'est sur ordre d'Eurysthée, roi d'Argos ou de Mycènes, qu'Héraklès dut accomplir ses célèbres « douze travaux ». Mais pourquoi se trouvait-il obligé de mener à bien toutes les missions exténuantes, et à première vue irréalisables, que lui confiait Eurysthée ? Il existe plusieurs explications divergentes. L'une de nos sources laisse entendre qu'il s'agissait d'une pénitence, imposée au héros par l'oracle de Delphes parce qu'il avait tué, dans un accès de folie furieuse, tous les enfants nés de son premier mariage. Selon d'autres, c'était l'effet d'une parole imprudente de Zeus avant la naissance du héros : il avait déclaré que l'enfant qui allait naître dans cette famille régnerait sur Argos, sur quoi Héra avait retardé la venue au monde d'Héraklès et accéléré celle de son cousin Eurysthée. Dans cette version, la folie qui frappe Héraklès et lui fait massacrer ses enfants est envoyée par les dieux : ils entendent rappeler au héros qu'il ne doit pas fonder une famille mais, conformément à la parole de Zeus, se mettre au service d'Eurysthée.

Les six premiers travaux d'Héraklès ont pour cadre le Péloponnèse, mais les suivants l'entraînent sur les franges les plus lointaines du monde grec, puis au-delà. Dans toutes ses missions, il est poursuivi par la haine tenace de la déesse Héra, que sa jalousie pousse à persécuter les enfants de Zeus nés hors mariage. La déesse Athéna, en revanche, ne lui ménage pas son soutien, et il peut aussi compter à l'occasion sur la compagnie et l'aide de son neveu Iolaos.

Le premier travail d'Héraklès fut la mise à mort du lion de Némée. Cette énorme bête était invulnérable à toutes les armes. Héraklès l'affronta donc au corps à corps, et finit par l'étouffer à mains nues. Après quoi, en se servant de l'une des griffes, il dépouilla le fauve de sa peau. Il la porterait toujours sur lui désormais, comme un manteau – les pattes du lion nouées autour du cou, ses mâchoires béantes sur la tête, et sa queue derrière, flottant au vent.

Deuxième mission : éliminer l'hydre de Lerne. C'était un serpent d'eau à têtes multiples, qui faisait régner la terreur dans les marais proches de cette ville. Chaque fois qu'Héraklès coupait une de ses têtes, deux autres poussaient à sa place. Comme si la situation n'était pas assez difficile, voilà qu'Héra envoie un crabe gigantesque le pincer au pied ! Ce coup bas décida le héros, débordé, à faire appel à Iolaos. Désormais, chaque fois qu'Héraklès coupait une tête, Iolaos cautérisait le moignon avec une torche. Il ne pouvait donc plus en pousser d'autres, et les deux hommes finirent par l'emporter sur le monstre. Héraklès trempa alors ses flèches dans le sang venimeux de l'hydre : désormais, ce seraient des flèches empoisonnées.

Sur le mont Érymanthe errait un sanglier d'une férocité inouïe. Il ravageait les campagnes voisines. Eurysthée, par distraction, exigea d'Héraklès qu'il le lui ramène vivant, mais les illustrations antiques de cet épisode, qui montrent la plupart du temps le roi terrorisé chercher refuge dans une grande jarre, laissent entendre qu'il finit par s'en mordre les doigts.

Il fallut à Héraklès une année entière pour mener à bien sa mission suivante : capturer la biche de Cérynie. Cette bête était, semble-t-il, plus craintive que dangereuse. Elle était consacrée à la déesse Artémis et, bien qu'elle fût femelle, possédait les bois les plus merveilleux. Héraklès finit par s'en emparer, mais, alors qu'il la ramenait à Eurysthée, il rencontra, dit la légende, la déesse Artémis elle-même. Au comble de l'indignation, elle menaça de le tuer pour avoir eu l'impudence de capturer son animal. Cependant, quand elle apprit ce qu'il en était des travaux, elle laissa en fin de compte Héraklès emporter la biche, à condition qu'Eurysthée la relâche dès qu'il l'aurait vue.

Les oiseaux du lac Stymphale en Arcadie étaient si

nombreux qu'ils détruisaient toutes les récoltes de la région. Plusieurs de nos sources assurent qu'ils se nourrissaient de chair humaine, ou à tout le moins qu'ils pouvaient décocher leurs plumes comme des flèches. La façon dont s'y est pris Héraklès pour les affronter n'est pas entièrement claire. Sur un vase, le peintre l'a représenté en train de les attaquer à la fronde, mais d'autres sources suggèrent qu'il les a abattus à coup de flèches, ou encore mis en fuite en leur faisant peur, grâce à une crécelle de bronze spécialement fabriquée à cet effet par le dieu Héphaïstos.

Le dernier des six travaux du Péloponnèse fut le nettoyage des écuries d'Augias. Ce roi d'Élide possédait de vastes troupeaux dont les étables et les écuries n'avaient jamais été nettoyées, si bien que la couche de fumier avait plusieurs mètres de haut. Eurysthée avait dû se dire qu'en ordonnant à Héraklès de nettoyer ces écuries en un seul jour il le mettait réellement face à une mission impossible. Mais le héros, une fois de plus, se montra à la hauteur du problème : il détourna le cours d'un fleuve en direction des écuries, et les eaux firent tout le travail pour lui.

Alors, Eurysthée demanda à Héraklès de capturer l'effroyable taureau de Crète. Ce fut la première mission qui le fit sortir du Péloponnèse. Après l'avoir montré au roi d'Argos, Héraklès relâcha le taureau, qui vécut en liberté jusqu'au jour où il fut tué par Thésée à Marathon.

Eurysthée envoya ensuite Héraklès en Thrace pour en ramener les chevaux que Diomède nourrissait de chair humaine. Héraklès dompta ces bêtes en leur jetant leur sinistre maître en pâture, puis les ramena sans problème à Argos.

Il fut immédiatement renvoyé en mission, sur les rives de la mer Noire cette fois. Il s'agissait d'aller chercher la ceinture de la reine des Amazones. Héraklès emmena toute une armée avec lui, mais il n'en aurait pas eu besoin si Héra ne s'était ingéniée à lui créer des ennuis. Quand il parvint à la cité des Amazones, leur reine Thémiskyra se révéla toute disposée à lui donner sa ceinture. Héra trouva que c'était vraiment trop facile. Elle fit courir le bruit qu'Héraklès avait en réalité l'intention d'enlever la reine elle-même, ce qui provoqua un affrontement sanglant. Le héros réussit, bien sûr, à s'enfuir avec la ceinture, mais seulement après des combats très durs et très meurtriers.

Les trois derniers travaux d'Héraklès devaient le conduire bien au-delà des frontières du monde grec. Il fut d'abord envoyé au-delà des rives de l'Océan, à l'extrémité occidentale du monde, dans la très lointaine île d'Érythie. Il devait aller y chercher les bœufs de Géryon. Ce Géryon promettait d'être un formidable adversaire. Non seulement il avait trois corps, mais, pour l'aider à garder ses merveilleux bœufs rouges, il employait aussi un berger féroce nommé Eurytion et un chien nommé Orthos – qui avait deux têtes, et un serpent en guise de queue. Orthos était le frère de Cerbère, le célèbre chien de garde du monde d'En-bas, et l'affrontement d'Héraklès avec Géryon est parfois interprété comme son premier combat avec la mort. Si le héros n'eut pas trop de mal à neutraliser Eurytion et Orthos, Géryon, avec ses trois corps complètement armés, se révéla autrement redoutable. Héraklès ne réussit à le tuer qu'au terme d'une terrible lutte.

A son retour en Grèce, Eurysthée lui assigna une mission encore plus désespérée : descendre dans le monde d'En-bas et ramener Cerbère lui-même — ramener le chien de garde des Enfers ! Guidé par Hermès, le dieu messager, Héraklès descendit dans le ténébreux royaume des morts, où, avec le consentement d'Hadès et de Perséphone, il emprunta l'épouvantable monstre à trois têtes pour le montrer à Eurysthée terrifié. Après quoi, il s'en fut rendre très poliment le chien à ses légitimes propriétaires.

Même alors, Eurysthée exigea un ultime travail : Héraklès devait lui rapporter les pommes d'or des Hespérides. Sources de l'éternelle jeunesse des dieux, ces pommes poussaient dans un jardin à l'extrémité de la Terre. Zeus et Héra les avaient reçues de Gaia, la Terre, en cadeau de mariage. L'arbre qui portait ces fruits d'or était soigné par des nymphes qu'on appelait les Hespérides, et gardé par un serpent. Les récits divergent sur la façon dont Héraklès est parvenu à mener à bien cette mission finale. Les sources qui situent le jardin au pied des monts Atlas, où le vigoureux géant du même nom soutenait la voûte céleste sur ses épaules, affirment qu'Héraklès a persuadé Atlas d'aller lui chercher les pommes. Pour permettre à Atlas de lui rendre ce service, le héros prend le ciel sur ses propres épaules, et il a quelque difficulté, quand le géant revient, à le convaincre de reprendre son fardeau. Dans d'autres versions de l'histoire, Héraklès se rend personnellement dans le jardin et, soit se bat contre le serpent et le tue, soit persuade les Hespérides de lui remettre les pommes. Les pommes d'or des Hespérides étaient un symbole d'immortalité : le dernier des douze travaux signifiait qu'Héraklès finirait par monter sur l'Olympe pour prendre place parmi les dieux.

En plus des douze travaux, un grand nombre d'exploits et d'aventures héroïques sont attribués à Héraklès. Quand il cherchait le jardin des Hespérides, il dut se battre contre le dieu marin Nérée pour l'obliger à lui donner sur l'itinéraire à suivre les indications dont il avait besoin. A une autre occasion, il affronta une autre divinité marine, Triton. C'est en Libye qu'on situe traditionnellement le combat d'Héraklès et du géant Antée. C'était un fils de Gaia, la Terre, et il était invulnérable tant qu'il gardait le contact physique avec sa mère.

Héraklès, de haute lutte, le souleva de terre, et Antée, privé du soutien maternel, perdit toute son énergie entre les bras puissants du héros. En Égypte, Héraklès faillit bien être sacrifié par le roi Busiris. Un jour, un devin avait expliqué à Busiris que sacrifier des étrangers était un moyen sûr d'arrêter les sécheresses. Il devait d'ailleurs être la première victime de son propre conseil : il était cypriote. La méthode s'étant révélée étonnamment efficace, Busiris décréta que tout étranger assez malavisé pour entrer dans son royaume serait aussitôt sacrifié. Quand Héraklès se trouva dans ce cas, il se laissa attacher et conduire jusqu'au lieu du sacrifice, mais renversa alors les autels sur ses agresseurs et les massacra tous.

Il n'était pas rare qu'Héraklès entre en conflit avec les dieux. Dans l'un de ces épisodes, n'ayant pas reçu de la Pythie de Delphes la réponse qu'il espérait, il voulut s'en aller avec le trépied sacré, en criant qu'il trouverait meilleur oracle lui-même. Quand Apollon tenta de l'arrêter, il se battit sauvagement avec le dieu, et l'affaire ne fut réglée que lorsque Zeus eut lancé sa foudre entre les deux adversaires pour les séparer.

Héraklès était très loyal envers ses amis. Il risqua plus d'une fois sa vie pour les aider. Le cas d'Alceste est le plus spectaculaire. Admète, roi de Phères en Thessalie, avait conclu un accord avec Apollon : quand le temps viendrait pour lui de mourir il pourrait continuer à vivre, pourvu qu'il trouve quelqu'un d'autre qui veuille bien mourir à sa place. Mais, quand Admète fut à l'article de la mort, trouver un remplaçant se révéla bien plus difficile qu'il ne l'avait prévu. Ses vieux parents, par exemple, refusèrent égoïstement de se sacrifier. Seule sa femme Alceste insista pour mourir à sa place. Quand Héraklès arriva, elle était déjà descendue en direction du monde d'En-bas. Il la suivit immédiatement, se battit avec la mort, la vainquit de haute lutte, et ramena triomphalement Alceste dans le monde des vivants.

Héraklès était le Superman grec, et bien des mythes le concernant ne sont rien d'autre que de captivants récits d'aventure, pleins d'exploits surhumains et de monstres fabuleux. Mais, en même temps, Héraklès comme Ulysse représente l'homme moyen, et les épisodes de sa vie sont autant de paraboles – qui forcent le trait – de l'expérience humaine. Impulsif, d'une intelligence nullement impressionnante, aimant le vin, la bonne chère et les femmes (ses aventures amoureuses sont trop nombreuses pour être citées ici), c'était un personnage éminemment sympathique, et dans l'ensemble il donnait le bon exemple : il anéantissait le mal et se faisait le champion du bien en surmontant tous les coups que le Destin faisait pleuvoir sur lui. Et surtout, il offrait un certain espoir d'affronter victorieusement le défi ultime et crucial pour l'homme, la mort.

La fin d'Héraklès fut particulièrement dramatique. Un jour, alors qu'il devait passer un fleuve en compagnie de sa nouvelle épouse Déjanire, le centaure Nessos offrit de faire traverser la jeune femme et, au plus fort du courant, il essaya de la violer. Héraklès l'abattit aussitôt d'une de ses flèches empoisonnées, mais en expirant Nessos feignit le repentir, et conseilla à Déjanire de prendre un peu du sang qui coulait de sa blessure. Qu'elle le garde précieusement ! Si un jour Héraklès semblait se lasser d'elle, elle devrait tremper un vêtement dans ce sang et le lui donner à porter. Après cela, jamais plus il ne regarderait une autre femme.

Quelques années plus tard, Déjanire se souvint de ce conseil quand Héraklès, dont le retour était imminent après une campagne lointaine, se fit précéder chez lui par une belle princesse captive dont il était de toute évidence amoureux. Déjanire envoya alors à son mari une robe teinte du sang du centaure. Quand il la revêtit, le poison de l'hydre imprégna sa peau en la rongeant de tous côtés, et il sombra dans la plus horrible des agonies. Son fils aîné Hyllos l'emporta sur le mont Œta et déposa son corps en lambeaux, respirant encore, sur un bûcher funéraire, qui fut finalement embrasé par le héros Philoctète. Mais les douze travaux avaient assuré à Héraklès l'immortalité, et il monta donc sur l'Olympe prendre sa place parmi les dieux, qui vivent pour l'éternité.

Thésée d'Athènes

Thésée était la quintessence du héros athénien, l'incarnation de tout ce que les Athéniens considéraient comme le plus spécifique et le meilleur d'eux-mêmes. Il était doté des mêmes caractéristiques surhumaines qu'Héraklès, ou peu s'en fallait, et ses exploits étaient presque aussi impressionnants. Mais il était plus raffiné, plus civilisé qu'Héraklès. C'était un homme d'État accompli, qui pouvait mettre à son actif non seulement l'institution de structures religieuses et sociales comme les grandes Panathénées à Athènes, mais aussi l'unification politique de l'Attique, voire la fondation de la démocratie athénienne.

La mère de Thésée était Aithra, fille de Pitheus, roi de Trézène en Argolide. Son père était soit Égée, roi d'Athènes, soit le dieu de la mer Poséidon. Égée passait pour stérile, et Aithra avait couché avec les deux la nuit où Thésée fut conçu. Craignant que ses neveux, les cinquante fils de Pallas, ne tentent de tuer leur cousin s'ils apprenaient son existence, Égée fit élever le garçon à Trézène par sa mère et son grand-père. Il y cacha sous un grand rocher une épée et une paire de sandales : lorsque Thésée serait assez fort pour soulever le rocher, il aurait la permission de s'en aller rejoindre son père à Athènes. Donc, quand Thésée eut passé l'épreuve avec succès, sa mère lui dit qu'il était temps pour lui de partir pour Athènes. Mais Pitheus et elle-même souhaitaient vivement que Thésée ne le fasse pas par voie de terre : la route allant de Trézène à Athènes passait par l'isthme de Corinthe, qui était infesté de brigands et de grands criminels de tout acabit. Thésée, lui, était fermement décidé à ne pas esquiver le danger. Il espérait bien égaler les exploits d'Héraklès et se faire un nom en triomphant des périls du grand chemin.

Les exploits de Thésée pendant son voyage de Trézène à Athènes semblent avoir été conçus pour rivaliser avec ceux d'Héraklès. Il est quasiment certain qu'ils faisaient l'objet d'un poème épique aujourd'hui disparu. Thésée, dit la tradition, rencontra son premier défi à Épidaure, où il tomba sur Périphétès, brigand boiteux armé d'un énorme gourdin noueux. Thésée le lui arracha de haute lutte, tua le brigand et emporta l'arme : elle servirait dans la suite de ses aventures. Tout au long de la route de l'isthme, Thésée prit les bandits à leurs propres pièges meurtriers et gagna.

Son deuxième adversaire, Sinis, s'était spécialisé dans l'écartèlement des voyageurs. Il courbait deux pins jusqu'au sol, liait un bras et une jambe de sa victime au sommet du premier arbre, l'autre bras et l'autre jambe au sommet du second, puis lâchait les pins qui se redressaient brusquement et déchiraient le malheureux. Quand Thésée arriva, Sinis lui demanda de montrer sa force en l'aidant à courber un pin. Thésée accepta, mais fit habilement en sorte de lâcher l'arbre le premier : ce fut donc Sinis et non lui qui finit en vol plané dans les airs. Alors, regardant les tristes restes des voyageurs précédents suspendus partout autour de lui, Thésée courba deux arbres et attacha Sinis entre eux, pour lui faire subir la même mort horrible qu'il s'était plu à infliger aux autres. Puis Thésée affronta la laie de Krommyon, une truie sauvage qui faisait des ravages dans la région, et il tua aussi cette créature.

Le bandit Skiron avait pris position au plus étroit de l'isthme. En ce lieu, un à-pic plongeait verticalement dans la mer des deux côtés de la route. Il ordonna à Thésée de s'agenouiller devant lui et de lui laver les pieds. Thésée obéit, en prenant ses précautions : il s'agenouilla aussi loin du bord qu'il put. Soudain, Skiron cria : « Va nourrir ma tortue de mer ! » et il tenta de le précipiter d'un coup de pied au bas de la falaise. Mais Thésée était trop rapide pour lui, et c'est Skiron qui finit dans la mer. A Éleusis, le lutteur Kerkyon lança un défi à Thésée, et lui aussi dut reconnaître qu'il avait trouvé son maître.

Thésée était presque arrivé à Athènes quand l'infâme Procuste le pria de passer la nuit sur son lit magique, qui s'adaptait parfaitement, assurait-il, à la taille de tous ceux qui s'y couchaient. En fait, Procuste invitait les voyageurs à s'y étendre, mais c'était eux qu'il « adaptait » ensuite au lit. S'ils étaient trop petits, il les écrasait à coups de maillet pour les allonger ; s'ils étaient trop grands, il leur tranchait les pieds et la tête pour les raccourcir. Thésée devait être son dernier visiteur, et le corps mutilé de Procuste lui-même le dernier occupant de son lit monstrueux.

Quand Thésée entra enfin dans Athènes, il y trouva son père Égée sous influence : celle de Médée la sorcière, qui avait promis de le guérir de sa stérilité supposée et de lui donner de nombreux fils. Thésée ne révéla pas son identité à Égée, mais Médée sut immédiatement qui il était. Puisque son entrée en scène contrariait plutôt les projets de la sorcière, elle fit des efforts répétés pour se débarrasser de lui. Elle commença par suggérer à Égée qu'il devrait demander à ce jeune étranger, qui prétendait avoir réglé leur compte à tant de brigands, de débarrasser le pays du taureau de Marathon. Cette monstrueuse créature, ramenée de Crète par Héraklès, ravageait alors la campagne athénienne. En dépit de sa taille énorme et du feu qu'il soufflait par les naseaux, Thésée parvint à amadouer l'animal et à le ramener à Athènes, où il le sacrifia à la patronne de la cité, la déesse Athéna.

Sa première tentative pour éliminer Thésée ayant échoué, Médée tenta alors de l'empoisonner. Elle le fit, dit la tradition, au cours du banquet public qui suivit le sacrifice du taureau de Marathon. Mais, au moment précis où Médée posait la coupe de poison sur la table, Thésée, comme pour couper la viande sacrificielle, tira l'épée qu'il avait apportée avec lui de Trézène. Reconnaissant l'arme, Égée fut pris d'une joie soudaine. Il se leva d'un bond et renversa la coupe, dont le contenu se répandit sur le sol en sifflant et fut absorbé par le marbre. C'est ainsi que le père et le fils furent enfin réunis, tandis que Médée, discréditée, devait fuir pour sauver sa vie.

Thésée résolut alors d'en finir avec le danger que ses cousins, les fils de Pallas, représentaient pour son père et pour lui-même. Il leur tendit une embuscade et les tailla en pièces. Mais une épreuve d'une tout autre ampleur l'attendait à présent : son affrontement avec le Minotaure.

Tous les neuf ans, Minos, roi de Crète, exigeait d'Athènes un tribut : sept jeunes filles et sept jeunes gens, destinés à être sacrifiés à la bête. Créature monstrueuse à corps d'homme et tête de taureau, le Minotaure était le fruit des amours de Pasiphaé, l'épouse de Minos, et d'un taureau envoyé de la mer par Poséidon. Il vivait dans le Labyrinthe, cet enchevêtrement de couloirs obscurs infiniment tortueux, d'impasses et de tournants parfaitement déroutants, qu'avait construit pour Minos le maître artisan Dédale.

Peut-être le mythe du tribut humain est-il lié au souvenir d'une époque où la civilisation minoenne dominait Athènes, mais l'histoire de Thésée renvoie à un épisode plus précis. Égée avait envoyé autrefois le fils de Minos, Androgée, combattre le taureau de Marathon, et il avait été tué. C'était donc en compensation pour sa mort que ce tribut était levé. Quoi qu'il en soit, peu après la défaite des fils de Pallas, la date fixée pour s'en acquitter approchait. Quand Thésée apprit l'affaire, il décida de faire partie du groupe. Égée, fou de douleur, fit tout ce qu'il put pour l'en dissuader, mais le héros ne voulut rien entendre : il promit à son père de tuer le Minotaure et lui assura qu'il rentrerait sans encombre au pays.

Égée, lui, était convaincu qu'il ne reverrait jamais son fils. Néanmoins, il ordonna que le bateau qui transporterait les jeunes gens et les jeunes filles en Crète fût équipé de deux jeux de voiles, l'un noir et l'autre blanc. Ils partiraient avec les voiles noires, comme il convenait à la sinistre nature de leur voyage. Mais Égée leur demanda, s'ils revenaient victorieux, de hisser les blanches, afin qu'il puisse les voir du haut de l'Acropole. Le navire arriva en Crète, et les Athéniens furent reçus par Minos et la cour crétoise conformément aux lois de l'hospitalité. Au cours d'une démonstration d'athlétisme, la fille de Minos, Ariane, vit Thésée et en fut aussitôt amoureuse. Quand le temps vint pour les victimes d'entrer dans le Labyrinthe, elle remit secrètement une bobine de fil à Thésée, qui avait demandé à entrer le premier. Il en fixa un bout à proximité de l'entrée et s'enfonça dans les couloirs en dévidant la bobine. Enfin, il arriva au centre et se trouva face au Minotaure, créature de loin plus terrifiante que toutes celles qu'il avait affrontées jusque-là. Thésée, qui n'avait pas d'arme, repoussa l'attaque du monstre à mains nues, et finit par le fatiguer, par le vider de sa force, jusqu'au moment où il put lui briser le cou. Complètement épuisé lui-même, mais indemne, il retrouva grâce au fil son chemin jusqu'à la sortie, où Ariane l'attendait anxieusement. Ensemble ils rassemblèrent les autres Athéniens, coururent à leur navire et prirent immédiatement la mer en direction du continent.

Mais l'histoire n'eut une fin entièrement heureuse ni pour Thésée ni pour Ariane. La fille de Minos avait fait promettre à Thésée qu'il l'emmènerait avec lui en Grèce, mais il l'abandonna sur l'île de Naxos dans des circonstances qui ne sont pas très claires. La version populaire et romantique de l'épisode veut que les dieux aient inspiré à Thésée l'oubli complet de tout ce qui concernait Ariane, si bien qu'il la laissa endormie dans un endroit isolé, où elle fut ensuite découverte par Dionysos. Mais des sources plus prosaïques, soucieuses d'expliquer et d'excuser la conduite si peu héroïque de Thésée, suggèrent qu'il l'avait débarquée sur la plage à Naxos parce qu'elle était enceinte et souffrait d'un terrible mal de mer, mais qu'une tempête avait ensuite emporté vers la mer le héros et son navire, et qu'Ariane, restée seule, mourut en couches. Dans cette version de l'histoire, Thésée avait fait hisser les voiles noires en approchant d'Athènes parce qu'il pleurait encore la perte d'Ariane. Mais le récit le plus courant veut que, dans sa hâte de rentrer au pays, il n'ait tout simplement pas pensé à changer les voiles pour mettre les blanches. C'est ainsi qu'Égée, scrutant anxieusement l'horizon, vit soudain poindre les voiles noires. Croyant son fils mort, il se jeta du haut de l'Acropole.

Après la mort d'Égée, Thésée devint roi d'Athènes, mais ne cessa pas pour autant de vivre des aventures héroïques. Invité au mariage de son grand ami Peirithoos, roi des Lapithes, il se trouva au cœur d'une grande bataille contre les Centaures, créatures mi-hommes mi-chevaux. Peirithoos les avait invités à son banquet de mariage parce qu'ils étaient ses voisins, mais ils burent plus que de raison et voulurent enlever les femmes des Lapithes – même la mariée. Ce ne fut qu'au prix de lourdes pertes que Thésée et ses compagnons parvinrent à briser leur assaut.

Thésée était souvent mêlé à des affaires de cœur. En

enlevant l'Amazone Antiopé, il provoqua une invasion de l'Attique par les Amazones, qui ne furent repoussées qu'après de durs combats. Dans leur vieillesse, Thésée et Peirithoos unirent leurs forces pour enlever deux filles de Zeus, Hélène et Perséphone. Ils parvinrent à enlever Hélène (c'était avant qu'elle n'épouse Ménélas), mais, quand ils descendirent chercher Perséphone dans le monde d'En-bas, l'affaire commença à tourner vraiment mal. Son mari Hadès, dieu du monde d'En-bas, invita les deux hommes à s'asseoir en sa compagnie pour partager un repas. Quand ils voulurent se relever, ils découvrirent qu'ils étaient fixés à leur siège. Finalement, Héraklès parvint à secourir Thésée, mais Peirithoos fut contraint de rester pour toujours dans le monde d'En-bas. La mort de Thésée lui-même fut étrangement peu héroïque. Il tomba du haut d'une falaise de Skyros, poussé par le roi de l'île, Lykomédès.

La source principale de l'histoire de Thésée est Plutarque, philosophe, prêtre et moraliste grec qui vécut à la fin du Ier et au début du IIe siècle après J.-C. On compte au nombre de ses œuvres une série de vies parallèles associant des Grecs et des Romains célèbres, les uns historiques, les autres légendaires. Dans les *Vies*, Thésée est comparé à Romulus, indication de la signification politique que la tradition attachait à son nom. Si Romulus était le fondateur de Rome, Thésée était le père de la démocratie athénienne. L'idée est née, semble-t-il, dans les dernières années du VIe siècle avant notre ère, quand l'homme d'État athénien Clisthène a procédé aux premières réformes démocratiques. Nombre d'entre elles sont attribuées à la fois à Thésée et à Clisthène. Il est dit de l'un comme de l'autre qu'ils ont réalisé l'unification de l'Attique et divisé le peuple en trois classes, celles qui seraient plus tard à la base de la structure politique d'Athènes dans la période historique. Comme Clisthène, Thésée, selon la tradition, aurait créé diverses assemblées et conseils civils et judiciaires, institué des fêtes, pris l'initiative de réformes économiques, par exemple la frappe des pièces de monnaie. On pense qu'un nouveau poème épique sur Thésée a peut-être été commandé par Clisthène ou par la jeune démocratie, et il est incontestable que, de la fin du VIe siècle au milieu du Ve siècle, sa popularité égala celle d'Héraklès dans l'art et la pensée des Athéniens. Il apparaît dans les sculptures ornant leurs temples comme sur les vases peints qu'ils utilisaient dans leur vie quotidienne et emportaient avec eux dans la tombe. En 490 avant J.-C., alors que les Athéniens pliaient sous la pression des Perses à la bataille de Marathon, ce fut Thésée, le fondateur du mode de vie pour la préservation duquel ils se battaient, qui, dit-on, apparut à la tête de l'armée, insufflant une force nouvelle aux combattants.

Vers 475-470 avant J.-C., des ossements gigantesques furent découverts dans une tombe à Skyros. Ils furent identifiés comme ceux de Thésée et rapportés en grande pompe à Athènes, où un sanctuaire spécial, le Théséion, fut construit pour les recevoir. Aux yeux des Athéniens de cette époque, Thésée n'était pas seulement un personnage mythologique ; il était aussi un symbole politique – l'image de leur démocratie.

La guerre de Troie

La guerre de Troie a-t-elle eu lieu ? L'immense attrait que le récit de son déroulement a exercé sur les générations successives est prouvé par les efforts d'innombrables historiens, archéologues et enthousiastes romantiques pour établir sa base historique et découvrir le site de Troie. On s'accorde aujourd'hui à penser que le site a été correctement identifié, à la fin du XIXe siècle, par Heinrich Schliemann : la butte de Hissarlik, dans la plaine qui borde les Dardanelles, sur la côte nord-ouest de la Turquie. Mais la prétention de Schliemann à avoir trouvé la Troie de la guerre de Troie n'est plus prise au sérieux de nos jours. La butte de Hissarlik contient de nombreux niveaux d'habitat successifs et c'est, de son propre aveu, dans l'un des plus anciens qu'il a découvert le merveilleux trésor. Cet établissement humain est maintenant considéré comme trop vieux d'un millier d'années environ pour avoir été détruit par des Grecs venus des palais mycéniens de la Grèce continentale. Ceux-ci pourraient, en revanche, avoir joué un rôle actif dans l'anéantissement de l'un des établissements ultérieurs de Hissarlik, qui semble bien avoir été brûlé jusqu'au sol, peut-être à la suite d'un siège, à peu près à la bonne date (environ 1200 avant notre ère). Cette Troie ultérieure était un établissement relativement humble, mais peut-être est-ce dans sa destruction que repose le noyau de réalité historique autour duquel a grandi la légende. Le développement de la légende elle-même reste un mystère qui ne sera probablement pas résolu par l'archéologie : il n'y a donc aucun risque de voir jamais disparaître l'énigme romantique de Troie.

Quel que soit son fondement dans la réalité historique, la guerre de Troie est l'épisode ou l'ensemble d'épisodes le plus important qui nous soit parvenu de la mythologie et de la légende grecques. Les événements qui ont conduit au conflit ouvert et ceux qui l'ont suivi sont pris en compte dans le groupe de récits qu'on appelle le cycle troyen. Certains sont connus par les deux grands poèmes homériques, l'*Iliade* et l'*Odyssée*, mais d'autres fragments de l'histoire doivent être reconstitués à partir de sources ultérieures, qui vont des tragiques grecs du ve siècle avant notre ère à des auteurs romains bien postérieurs. L'histoire, prise globalement, peut être comparée à un opéra wagnérien, par la richesse et la complexité de son entrelacs de personnages et de thèmes. Elle est immensément romantique et d'un grand intérêt humain, car, comme tous les mythes grecs, elle exprime fondamentalement l'histoire de l'homme et de sa lutte pour exister face au destin et face aux dieux.

L'un des premiers maillons de la chaîne d'événements qui a préludé à la guerre de Troie a été forgé par Prométhée, le grand bienfaiteur de l'humanité. Prométhée, un cousin de Zeus, avait donné à l'homme le feu, élément dont seuls les dieux, jusque-là, avaient joui. Il avait aussi appris aux hommes à n'offrir aux dieux que la graisse et les os des sacrifices de viande, et à garder les meilleurs morceaux pour eux-mêmes. Pour le punir, Zeus l'enchaîna sur un rocher en haute montagne, et envoya chaque jour un aigle lui dévorer le foie, qui repoussait la nuit.

Suivant certaines sources, Prométhée fut finalement délivré par Héraklès, mais d'autres soutiennent qu'il fut libéré par Zeus quand il eut enfin accepté de lui révéler un important secret. Ce secret concernait la nymphe marine Thétis, qui était si belle qu'elle comptait plusieurs dieux parmi ses prétendants, dont Poséidon et Zeus lui-même. Mais une prophétie, connue du seul Prométhée, prédisait que le fils de Thétis aurait pour destin d'être plus grand que son père. Quand il l'apprit, Zeus oublia vite l'idée d'avoir lui-même un fils de Thétis, et décida qu'elle devrait épouser un mortel,

Pelée. Leur fils serait Achille, le plus grand des héros grecs à Troie.

Thétis commença par résister aux avances de Pelée : elle se changea en feu, en serpent, en monstre, prit bien d'autres formes encore, mais il ne la lâcha pas à travers toutes ses métamorphoses, et finalement elle dut se soumettre. Tous les dieux et les déesses de l'Olympe furent invités aux magnifiques noces de Thétis et de Pelée, sauf une : Éris, la Discorde. Mais soudain, tandis que la fête battait son plein, cette déesse qu'on avait laissée de côté fit irruption et jeta au milieu des invités la pomme de la discorde, sur laquelle il était écrit (bien que seules des sources très tardives nous le disent) : « A la plus belle. » Cette pomme fut aussitôt revendiquée par trois déesses, Héra, Athéna et Aphrodite. Puisqu'elles étaient incapables de s'entendre, et que Zeus, comme on le comprend aisément, répugnait à trancher le problème lui-même, il envoya les déesses faire juger leur beauté par le berger Pâris, qui gardait ses troupeaux sur le mont Ida, à proximité de la ville de Troie, sur la rive orientale de la Méditerranée.

Pâris était fils de Priam, roi de Troie. Mais, alors qu'elle le portait, la femme de Priam, Hécube, rêva qu'elle donnait naissance à une torche, d'où coulaient à flots des serpents sifflants ; en conséquence, lorsque l'enfant naquit, il fut remis à un serviteur avec ordre de l'emmener sur le mont Ida et de le tuer. Mais au lieu de le tuer, l'homme l'exposa simplement sur la montagne, pour qu'il y meure. Il fut sauvé par des bergers qui y gardaient les troupeaux, et élevé pour le devenir lui-même.

Donc, tandis que Pâris s'occupait de ses bêtes sur la montagne, Hermès conduisit jusqu'à lui les trois déesses pour qu'il les départage. Chacune lui offrit une récompense s'il la choisissait : Héra la richesse et le pouvoir, Athéna la vaillance et la sagesse, et Aphrodite l'amour de la femme la plus belle du monde. Il décerna la victoire à Aphrodite et encourut la rage éternelle des deux autres, qui devinrent à dater de ce jour d'implacables ennemies de Troie. Peu après, Pâris retourna par hasard à Troie, où ses prouesses dans les concours athlétiques et sa beauté stupéfiante éveillèrent l'intérêt de ses parents. Ils eurent tôt fait d'établir son identité et furent enchantés de le retrouver.

La femme la plus belle du monde était Hélène, fille de Zeus et de Léda. De très nombreux rois et nobles avaient souhaité l'épouser, et, avant d'annoncer le nom de l'heureux élu, son père mortel, Tyndare, leur fit prêter serment à tous de respecter le choix d'Hélène, et de venir en aide à son mari si elle était un jour enlevée. Hélène avait choisi Ménélas, roi de Sparte. A l'époque où Pâris vint leur rendre visite, ils avaient une fille, Hermione. Ménélas accueillit Pâris dans sa maison, mais le fils de Priam le remercia de son hospitalité en lui volant Hélène et en s'enfuyant avec elle à Troie. Le rôle joué par Hélène en l'affaire est très différent selon les sources. Certaines disent qu'elle a été enlevée contre son gré, d'autres qu'Aphrodite l'a rendue folle de désir pour Pâris, ou même – c'est la version la plus alambiquée de toutes – qu'elle n'est jamais allée à Troie, et que c'est pour une simple apparence, un fantôme, que les Grecs se sont battus pendant dix ans.

L'expédition prend la mer

Ménélas convoqua tous les anciens prétendants d'Hélène, et tous les autres rois et nobles de la Grèce, pour l'aider à monter une expédition contre Troie afin de recouvrer sa femme. Le chef de l'armée grecque était Agamemnon, roi de Mycènes et frère aîné de Ménélas. De l'ensemble du continent et des îles, les héros grecs convergèrent dans le port d'Aulis, point de rassemblement d'où ils comptaient partir pour la traversée de l'Égée jusqu'à Troie. Les origines des contingents et les noms de leurs chefs sont énumérés dans le long *Catalogue des vaisseaux*, au chant II de l'*Iliade*.

> Comme on voit, par troupes nombreuses, des oiseaux ailés, oies ou grues ou cygnes au long cou, dans la prairie asiate, sur les deux rives du Caystre, voler en tous

> sens, battant fièrement des ailes, et, les uns devant les autres, se poser avec des cris, dont toute la prairie bruit ; ainsi, des nefs et des baraques, des troupes sans nombre se répandent dans la plaine du Scamandre [...] innombrables comme feuilles et fleurs au printemps.

Certains des héros se rendirent à Aulis de meilleur gré que d'autres. Ulysse, roi d'Ithaque, savait ce qui avait été prophétisé : s'il allait à Troie, il ne reviendrait pas avant vingt ans. Quand le héraut Palamède vint le convoquer pour l'expédition, il résolut donc de feindre la folie : il attela deux mules à une charrue et se mit à labourer la plage, menant ces bêtes dans un sens puis dans l'autre au bord de la mer. Mais sa ruse fut éventée quand Palamède imagina de déposer le petit Télémaque, le fils qui venait de naître au roi d'Ithaque, sur le trajet des mules : Ulysse tira aussitôt les rênes pour arrêter son équipage.

Les parents d'Achille, Pelée et Thétis, furent très réticents à laisser leur jeune fils se joindre à l'expédition, parce qu'ils savaient ce que prévoyait pour lui le Destin : s'il y allait, il mourrait devant Troie. Ils firent une tentative pour le soustraire à cette destinée : il l'envoyèrent à Skyros se mêler, sous un déguisement féminin, aux filles du roi Lykomédès. Pendant son séjour il épousa d'ailleurs l'une d'elles, Deidaméia, et elle lui donna un fils, Néoptolème.

Mais Ulysse comprit que les Grecs ne prendraient jamais Troie sans l'assistance d'Achille, et il alla donc le chercher à Skyros. Dans l'une des versions de l'histoire, il se déguisa en colporteur, gagna ses entrées à la cour et eut un jour l'occasion d'étaler ses marchandises devant les femmes. Mais au milieu des bijoux et des tissus il avait mis des armes, et l'intérêt qu'elles suscitèrent chez le jeune Achille le trahit. Une autre source explique comment Ulysse fit en sorte qu'une trompette retentît dans le gynécée : tandis que les vraies filles s'enfuyaient en tous sens dans la plus totale confusion, Achille se leva d'un bond et cria : « Aux armes ! » C'est ainsi qu'Achille dut renoncer à son déguisement, et, quand il l'eut fait, Ulysse n'eut guère de mal à le persuader de l'accompagner à Aulis, où la flotte se préparait à lever l'ancre.

L'immense armée grecque, dont les plus grands héros étaient Agamemnon, Ménélas, Ulysse, Ajax, Diomède et Achille, était prête à prendre la mer, mais le vent soufflait obstinément dans le mauvais sens. Le prophète Kalchas finit par en révéler la cause : la déesse Artémis exigeait le sacrifice de la fille d'Agamemnon, Iphigénie, et le vent ne tournerait qu'après la mise à mort de la jeune fille. Agamemnon en fut horrifié, mais l'opinion publique le força à s'exécuter. On fit venir Iphigénie en lui faisant croire qu'elle allait épouser Achille, mais en fait de mariage elle fut égorgée sur l'autel. Certaines sources disent qu'Artémis eut pitié d'elle et, au tout dernier moment, lui substitua une biche. Quoi qu'il en soit, le vent tourna dans le bon sens et les navires prirent la mer.

La colère d'Achille

On croit parfois que l'*Iliade* est l'histoire de la guerre de Troie. En fait, si elle évoque largement l'ensemble du déroulement du conflit, son sujet officiel, annoncé dans ses premiers vers, est bien plus restreint :

> Chante, déesse, la colère d'Achille, le fils de Pelée ; détestable colère, qui aux Achéens valut des souffrances sans nombre et jeta en pâture à Hadès tant d'âmes fières de héros, tandis que de ces héros mêmes elle faisait la proie des chiens et de tous les oiseaux du ciel – pour l'achèvement du dessein de Zeus.

L'histoire de l'*Iliade*, donc, c'est l'histoire d'Achille, et de sa querelle avec Agamemnon. Lorsque commence l'*Iliade*, les Grecs sont devant Troie depuis neuf ans déjà. Ils ont mis à sac presque toute la campagne environnante et se livrent à des escarmouches sporadiques avec les Troyens chaque fois que certains d'entre eux s'aventurent à l'extérieur de leurs fortifications massives. Les Grecs sont fatigués de faire campagne, irrités de leur incapacité à remporter une victoire décisive contre la ville de Troie elle-même. C'est alors que survient, à propos d'une affaire d'honneur, la brouille entre Achille et Agamemnon.

Après un raid où Achille avait joué le rôle déterminant, le sort avait attribué comme part de butin à Agamemnon une fille nommée Chryséis. Son père Chrysès, qui était prêtre d'Apollon, offrit au chef de l'armée grecque une très belle rançon en échange de sa libération, mais il refusa de la rendre. Alors Chrysès pria Apollon, le suppliant d'intervenir, et le dieu frappa le camp grec de la peste. L'épidémie ne cesserait, révéla le prophète Kalchas, que si Agamemnon rendait Chryséis. Achille était tout à fait favorable à cette solution, mais Agamemnon était réticent. Ils se querellèrent. Finalement, le chef de l'expédition accepta de faire ce qu'on lui disait, mais, pour réaffirmer son autorité sur Achille de la façon la plus insultante possible, et aussi pour se dédommager de la perte de Chryséis (qu'il préférait, disait-il, à son épouse Clytemnestre), il prit à Achille sa propre esclave, Briséis. Achille en conçut une fureur bien compréhensible : non seulement l'acte d'Agamemnon faisait affront à son honneur, mais il était d'une injustice criante, puisque c'était lui, Achille, qui s'était battu plus que tout autre pour rapporter tous ces trésors, tout ce butin dont Agamemnon s'arrogeait le droit de disposer. En conséquence, Achille se retira dans sa tente et cessa toute participation aux combats et aux réunions du conseil.

Les affrontements se firent alors plus durs : des attaques directes furent lancées contre Troie et par les Troyens. Privés du plus grand de leurs combattants, les Grecs se trouvèrent mis à rude épreuve. Agamemnon lui-même finit par se voir dans l'obligation de faire acte de conciliation envers Achille : il offrit de lui rendre Briséis, accompagnée de richesses de toute sorte. Mais Achille ne voulut rien entendre. Il fit savoir que, même si les cadeaux d'Agamemnon étaient « aussi nombreux que tous les grains qui sont de sable ou de poussière », il ne reviendrait jamais sur sa décision.

C'est alors qu'Ulysse et Diomède partirent pour une expédition nocturne, afin de voir ce que préparaient les Troyens. Ils ignoraient qu'au même moment un Troyen nommé Dolon quittait la ville assiégée pour une mission similaire. Les deux Grecs le surprirent, et le forcèrent à leur révéler la disposition des forces à l'intérieur du camp troyen. Sur les conseils de Dolon, ils terminèrent leur escapade nocturne par une attaque contre le campement de Rhésus, le roi de Thrace, et s'enfuirent vers le camp grec avec ses splendides chevaux.

En dépit du succès de ce raid audacieux, les combats proprement dits tournaient mal pour les Grecs. Ils furent bientôt refoulés par les Troyens jusqu'à leurs vaisseaux, et se trouvaient dans une situation désespérée quand Achille reçut la visite de son ami Patrocle, venu solliciter l'autorisation de mener ses guerriers inactifs, les Myrmidons, à la bataille. Patrocle demanda aussi s'il pouvait emprunter les armes d'Achille : les Troyens le prendraient pour le héros et en seraient terrorisés.

Achille accepta, et Patrocle partit à l'attaque. Il se battit longuement et glorieusement, avant de succomber, comme c'était à prévoir, sous les coups d'Hector, fils de Priam, le plus valeureux des défenseurs de Troie.

Achille en fut fou de douleur. Sa mère, la nymphe marine Thétis, vint à lui et lui promit de nouvelles armes, pour remplacer celles qu'il avait perdues avec Patrocle. Parmi ces armes, fabriquées par le dieu forgeron Héphaïstos, il y avait un magnifique bouclier entièrement sculpté : on y voyait des villes en paix et en guerre, des scènes de la vie rurale comme des troupeaux de moutons et de bœufs, des danses rustiques ; sur le bord, tout autour, courait le fleuve Océan. Achille et Agamemnon se réconcilièrent, et le héros revint sur le champ de bataille où il massacra Troyen sur Troyen de sa lance, « tel un prodigieux incendie fait rage à travers les vallées profondes d'une montagne desséchée ; la forêt profonde brûle, et le vent, qui la pousse en tous sens, en fait tournoyer la flamme ». Après avoir tué quantité de Troyens et survécu à l'assaut du fleuve Scamandre, qui avait essayé de le noyer dans des vagues hautes comme des montagnes, Achille se trouva enfin en position d'affronter en combat singulier son principal adversaire : Hector.

Tous les autres Troyens avaient fui le massacre accompli par Achille et s'étaient réfugiés derrière leurs remparts, mais Hector était resté hors des portes : il attendait délibérément le duel qu'il savait devoir livrer. Pourtant, quand Achille finit par apparaître, Hector fut pris d'une terreur bien compréhensible et il tourna bride. Achille le poursuivit et ils firent trois fois le tour des murs de Troie. Puis Hector s'arrêta et, bravement, fit face à son grand adversaire. La lance d'Achille se logea dans sa gorge et il tomba sur le sol. A peine capable de parler, Hector supplia son vainqueur de permettre que son corps soit racheté contre rançon après sa mort, mais Achille, plein de rage contre l'homme qui avait tué Patrocle, rejeta sa prière avec mépris et se mit en devoir de faire subir à son cadavre les pires indignités. Il commença par le traîner derrière son char, attaché par les talons, autour des murs de la ville, afin que tout Troie le voie. Ensuite il le ramena dans le camp grec et le laissa par terre, sans aucun soin, dans ses quartiers.

Puis Achille organisa de splendides funérailles pour Patrocle. Il fit édifier un immense bûcher. Un grand nombre de moutons et de bœufs y furent immolés, et leurs carcasses furent empilées autour du corps du héros mort. On ajouta des jarres de miel et d'huile, puis quatre des chevaux et deux des chiens de Patrocle. Enfin, douze prisonniers troyens furent massacrés sur le bûcher, qui fut alors embrasé. Il brûla toute la nuit, et toute la nuit Achille versa des libations de vin et se lamenta à grands cris sur son ami disparu. Le lendemain, ses os furent recueillis et déposés dans une urne d'or, et un grand tertre fut élevé sur l'emplacement du bûcher. Il y eut des jeux funéraires dotés de prix magnifiques : course de chars, pugilat, lutte, course à pied, combat, lancer du disque et tir à l'arc. Et pendant douze jours, tous les matins à l'aube, Achille traîna le cadavre d'Hector trois fois autour du tertre, jusqu'au moment où même les dieux, qui avaient pourtant prévu et arrangé tout cela, finirent par en être choqués. Zeus envoya Iris, messagère des dieux, chez le roi Priam à Troie, et elle lui donna instruction de se rendre secrètement dans le camp grec avec une belle rançon : en échange, Achille accepterait de rendre le cadavre de son fils. Alors Priam, escorté d'un seul héraut, partit en direction du camp des Grecs. Dans la demi-obscurité du crépuscule, alors qu'il approchait des vaisseaux grecs, il rencontra Hermès déguisé en guerrier des troupes d'Achille. Le Dieu messager le guida à travers le camp grec, si bien qu'ils arrivèrent à la tente d'Achille sans que personne les ait remarqués. Priam entra immédiatement et se jeta aux pieds d'Achille. Il supplia le héros de penser à son propre père Pelée, et de prendre pitié d'un vieil homme qui avait perdu tant de fils valeureux sous les coups des Grecs. Il demanda la permission de ramener avec lui à Troie le corps du plus grand d'entre eux, afin qu'il puisse y être décemment pleuré et enseveli par ses parents. Achille fut ému par son appel. Les deux hommes versèrent des larmes et la requête de Priam lui fut accordée. C'est ainsi que le corps d'Hector fut rendu à Troie, où il fut pleuré et enterré avec les rites appropriés.

Ici se termine l'*Iliade*. Mais ce n'est en aucune manière la fin de la guerre de Troie. La suite de l'histoire est rapportée en partie par l'*Odyssée* et en partie par les tragiques, mais aussi par des auteurs romains bien ultérieurs – Virgile surtout, dans l'*Énéide*, et toute une série de poètes tardifs comme Quintus de Smyrne. Après la mort d'Hector, un grand nombre d'alliés vinrent aider les Troyens, dont les Amazones dirigées par leur reine Penthésilée et les Éthiopiens conduits par Memnon, fils d'Éos, déesse de l'Aurore. Penthésilée et Memnon furent tous deux tués par Achille. Mais lui-même avait toujours su que son destin était de mourir devant Troie, loin de sa terre natale, et finalement il fut tué par une flèche, décochée par l'arc de Pâris. Quand Achille était tout petit, sa mère Thétis avait tenté de le rendre immortel : elle l'avait emmené dans le monde d'En-bas et l'avait plongé dans les eaux du Styx, le fleuve des Enfers. Cela avait rendu son corps invulnérable, sauf le talon par lequel elle l'avait tenu. Ce fut là que la flèche frappa.

La prise de Troie

Après la mort de leur plus grand champion, les Grecs recoururent à la ruse pour prendre Troie, qui pendant dix longues années avait résisté à leur siège. C'est Ulysse, dit-on, qui eut l'idée du cheval de Troie, et l'artisan qui réussit à le fabriquer s'appelait Épéios. Quand le cheval creux fut construit, un groupe de Grecs parmi les plus hardis grimpa à l'intérieur, parmi lesquels Ulysse lui-même et Néoptolème, le fils d'Achille. Tous les autres combattants de l'armée grecque brûlèrent leurs tentes et prirent la mer, mais ils n'allèrent pas plus loin que l'île de Ténédos, où ils mouillèrent leurs vaisseaux et attendirent. Alors les Troyens, osant à peine croire que les Grecs étaient repartis chez eux, sortirent de leurs murs et se répandirent sur la plaine, admirant le cheval, se rappelant les uns aux autres où s'était trouvé le camp grec. Bientôt, des bergers tombèrent sur un Grec isolé, Sinon, que l'armée avait laissé derrière elle. Il leur dit que ses compatriotes avaient voulu le sacrifier pour obtenir des vents favorables à leur voyage. Il avait eu le plus grand mal à échapper à ses chaînes. Cette histoire suscita la compassion des Troyens, et ils furent disposés à croire le reste de ses propos. Les Grecs pensaient, leur dit Sinon, qu'Athéna s'était retournée contre eux. Ils avaient décidé de reprendre la mer pour rentrer, afin de tenter de regagner la faveur divine dont leur expédition jouissait au départ. Le cheval, ils l'avaient construit pour se concilier Athéna, et c'était délibérément qu'ils l'avaient fait si grand : il fallait que les Troyens ne puissent pas le faire entrer dans leurs murs. Si le cheval entrait dans Troie, jamais la cité ne serait prise. Mais, s'il restait dehors, les Grecs finiraient par revenir et par la raser jusqu'au sol.

A certains Troyens, le cheval n'inspirait aucune confiance. Ils étaient réticents à l'introduire dans leurs murs. La fille de Priam, la prophétesse Cassandre, dont le destin était de prophétiser juste sans être jamais crue, avertit de la mort et de la destruction qu'apporterait son entrée dans Troie. Laocoon, prêtre de Poséidon, jeta sa lance contre les flancs du cheval. Il résonna du bruit de ferraille des hommes armés. « Je crains les Grecs jusque dans leurs cadeaux », déclara le prêtre. Mais, comme il préparait un sacrifice au dieu qu'il servait, deux grands serpents sortirent de la mer et étranglèrent ses deux jeunes fils d'abord, puis Laocoon lui-même, avant d'aller se glisser sous l'autel d'Athéna. Devant un tel signe divin, les Troyens n'hésitèrent plus : ils entreprirent de tirer le grand cheval et de le faire entrer dans leurs murs, abattant même un pan de leurs fortifications. Même alors, la cachette des guerriers grecs aurait encore pu être découverte, car Hélène se mit en tête de descendre voir le cheval, et, tournant autour de lui, d'appeler chaque héros grec par son nom en imitant la voix de sa femme. Certains faillirent bien répondre, et seul Ulysse eut la présence d'esprit d'étouffer leur voix.

Quand la nuit tomba, le traître Sinon adressa un signal lumineux à la flotte à Ténédos, et elle revint silencieusement à son ancien mouillage. Sinon libéra aussi les héros enfermés dans le cheval. La scène était ainsi dressée pour la mise à sac de Troie. Quand les Grecs sortis du cheval furent rejoints par leurs camarades venus des vaisseaux, les Troyens furent tirés brutalement du sommeil et découvrirent que leur ville était en flammes. Les hommes se battirent avec l'énergie du désespoir, résolus au moins à vendre chèrement leur vie, terrifiés à la vue des femmes et des enfants qu'on arrachait des lieux d'asile pour les massacrer ou les emmener en captivité. Particulièrement odieux fut l'assassinat de Priam, égorgé sur l'autel de sa maison par Néoptolème, fils de l'homme qui avait tué son fils Hector. Parmi les quelques Troyens qui purent échapper au massacre, il y eut Énée, fils d'Anchise et de la déesse Aphrodite. Prévenu par sa mère, il quitta la ville avec son fils Ascagne, encore tout petit, et son vieux père, en emportant avec lui les dieux de Troie. Sa femme les suivait, mais elle disparut dans le chaos, les ténèbres et le grand naufrage de la cité mourante. Énée lui-même avait pour destin d'atteindre, au terme d'une longue errance, l'Italie, où il fonderait une Troie nouvelle et plus puissante, qui devait être l'annonciatrice de Rome.

Les aventures des héros grecs sur le chemin du retour après la prise de Troie, et les accueils très divers qui les attendaient chez eux, ont été narrés dans un certain nombre de poèmes épiques connus sous le nom de *Nostoi*, ce qui signifie « les retours ». De tous ces poèmes, l'*Odyssée*, qui raconte le retour d'Ulysse jusqu'à l'île d'Ithaque, sa patrie, est le seul qui soit parvenu jusqu'à nous. Il nous faut reconstituer les retours des autres héros à partir de toute une série de sources ultérieures. Nous allons bientôt retrouver Ulysse, mais commençons par évoquer le retour dans ses foyers du chef de l'armée grecque, Agamemnon, roi de Mycènes.

Le retour d'Agamemnon

Agamemnon et Ménélas étaient les fils d'Atrée, qui s'était rendu coupable d'un terrible crime quand, au cours d'une querelle de famille, il avait tué les enfants de son propre frère, Thyeste, puis lui avait servi un plat cuisiné à partir de leurs membres. A cause de cet acte horrible, la maison d'Atrée devint maudite, et le destin que connut Agamemnon à son retour de Troie était en partie une juste rétribution pour le crime originel de son père. Pendant les dix ans d'absence d'Agamemnon, le gouvernement de Mycènes avait été assuré par sa femme Clytemnestre, assistée par son amant Égisthe, le seul survivant des enfants de Thyeste. Une chaîne de feux allumés de cime en cime avait relayé jusqu'en Grèce continentale la nouvelle de la grande victoire à Troie, et, quand Agamemnon arriva devant son palais, les plans de Clytemnestre étaient bien au point.

Allant à la rencontre de son mari devant la grande porte, elle insista pour qu'il marche sur des tissus pourpres qu'elle étendit devant lui : il devait pénétrer triomphalement dans la grande salle de son palais. Agamemnon n'avait guère envie de commettre un tel acte d'impiété et d'insolence envers les dieux, auxquels de tels honneurs sont réservés, mais il finit par céder, et assura ainsi sa perte. Clytemnestre le suivit à l'intérieur, et l'attaqua alors qu'il se trouvait sans défense dans son bain. Elle le prit dans un filet, puis le tua de la façon la plus horrible : à la hache. Les motifs qui l'avaient poussée à cet acte de sauvagerie étaient complexes, mais il semble que sa passion coupable pour Égisthe et son désir de le voir vengé du tort fait à la famille de Thyeste y tenaient moins de place que sa haine personnelle pour Agamemnon. Quand il l'avait enlevée pour en faire son épouse, il avait impitoyablement tué sous ses yeux son premier mari – qui était aussi un fils de Thyeste – et le bébé qu'elle venait d'avoir avec lui. Il avait sacrifié leur fille Iphigénie à Aulis. Elle voulait sa vengeance.

La malédiction d'Atrée ne mourut pas avec Agamemnon : Clytemnestre et lui avaient deux autres enfants, Oreste et Électre, qui brûlaient de venger la mort de leur père. Oreste, encore tout petit, avait été envoyé par sa sœur loin de Mycènes, pour être élevé en sécurité en Phocide : elle tenait à le savoir à l'abri de leur intrigante de mère. Électre elle-même resta au palais, et fut très vilainement traitée par Égisthe et Clytemnestre. Dans certaines versions de l'histoire, ils la marièrent à un paysan, pour que la lignée royale se termine dans l'ignominie. Devenu adulte, Oreste rentra secrètement dans son pays, accompagné par son ami Pylade. Arrivant à la tombe de son père, il alla déposer sur le tertre des boucles de ses cheveux et il fut reconnu par Électre, venue là offrir au nom de sa mère un sacrifice pour apaiser l'âme du défunt. Clytemnestre avait eu un rêve de mauvais augure : elle avait donné naissance à un serpent, qui avait tété son sein et l'avait vidée de son sang. Oreste avait toutes les raisons d'interpréter ce rêve comme de bon augure pour lui-même, et après de longues et douloureuses discussions sur l'horreur du matricide, Électre persuada Oreste d'assassiner à la fois sa mère et Égisthe. Pour cet acte terrible, il fut rendu fou par les Furies, qui ne cessèrent de le harceler, jusqu'au procès exceptionnel devant l'Aréopage d'Athènes où il fut acquitté, au motif que le meurtre d'une mère est un crime moins grave que celui d'un mari. Ainsi prit fin la malédiction des Atrides.

Le retour d'Ulysse

Avant même de partir se battre devant Troie, Ulysse savait déjà qu'il lui faudrait vingt ans pour revenir chez lui, pour retrouver son île rocailleuse d'Ithaque, son fils Télémaque et sa femme Pénélope. Dix ans il combattit sous Troie et dix ans il erra au gré des océans, faisant naufrage, finissant par perdre tous ses compagnons, sa vie souvent ne tenant qu'à un fil, jusqu'au jour où, vingt ans après l'avoir quittée, il débarqua enfin sur la côte de son île natale.

Le cyclope

Quand ils eurent quitté Troie, Ulysse et ses compagnons se heurtèrent d'abord aux Kikones, dont ils pillèrent la cité mais qui leur infligèrent de lourdes pertes. Leurs effectifs faillirent fondre encore plus quand ils rencontrèrent les Lotophages : ces hédonistes ne faisaient rien d'autre que s'asseoir en cercle et déguster le fruit délicieux qui leur faisait oublier tout souci et toute responsabilité. Ulysse dut emmener de force ceux de ses hommes qui avaient goûté au lotus pour qu'ils regagnent le navire, et à peine s'étaient-ils remis de cette aventure qu'ils se trouvèrent projetés dans la suivante : l'affrontement avec le cyclope Polyphème.

Les cyclopes étaient une race de géants immenses, qui n'avaient qu'un œil. Ils occupaient une terre fertile où le sol donnait de lui-même des récoltes surabondantes ; ses riches pâturages nourrissaient des troupeaux de chèvres et de moutons, des animaux bien gras, à l'épaisse toison. Très désireux de rencontrer les habitants d'un tel pays, Ulysse entra dans le port avec un seul de ses navires, débarqua, et marcha avec son équipage jusqu'à la caverne du cyclope Polyphème, fils de Poséidon. Polyphème était sorti pour s'occuper de ses moutons. Aussi Ulysse et ses compagnons prirent-ils leurs aises en attendant qu'au crépuscule il revienne avec ses troupeaux. Le cyclope était gigantesque, monstrueux, épouvantable, et, après quelques questions de pure forme sur la provenance et les activités de ses hôtes inattendus, il en saisit deux, leur brisa le crâne, versa leur cerveau sur le sol et les dévora d'un trait. Il tomba alors dans un sommeil lourd. Ulysse songea à le transpercer sur-le-champ de son épée, mais il ne le fit pas, car l'idée lui vint que dans ce cas ses hommes et lui ne pourraient plus ressortir de la caverne : le cyclope en avait obstrué l'entrée avec un très gros rocher, que lui pouvait soulever d'une seule main, mais que les forces conjointes d'Ulysse et de ses compagnons auraient été bien incapables d'ébranler. Le cyclope prit deux autres hommes d'équipage pour son petit déjeuner, puis il sortit, en veillant bien à replacer l'énorme bloc dans l'entrée de la caverne. Ulysse aux mille tours eut tôt fait de mettre au point un plan d'action. Il aiguisa un grand pieu de bois qui se trouvait dans la caverne, puis durcit son extrémité au feu.

Quand vint le soir et que Polyphème rentra chez lui, Ulysse lui offrit une coupe de vin fort, pour arroser sa ration de marins grecs. Le cyclope la vida avec extase, et il la retendit trois fois pour qu'on la lui remplisse encore. Après quoi il se coucha pour dormir, étourdi par des vapeurs d'ivresse. Mais, avant de s'abandonner au sommeil, il voulut savoir quel était le nom de son hôte. Ulysse lui répondit qu'il s'appelait Outis – le mot grec qui veut dire « personne ». Et le cyclope promit qu'en remerciement pour le vin il mangerait Personne en dernier. Voyant le monstre étendu, endormi, Ulysse mit à chauffer le bout du pieu au feu. Quand il fut rouge, quatre de ses meilleurs hommes et lui en enfoncèrent la pointe dans l'œil unique du cyclope. L'œil siffla, grésilla, comme « dans l'eau froide du bain qui trempe le métal, quand le maître bronzier plonge une grosse hache ou bien une doloire, le fer crie et gémit ». Rudement réveillé par l'atroce douleur, le cyclope hurla et entra dans une rage épouvantable, appelant à l'aide à grands cris ses voisins les autres cyclopes. Ils accoururent, se rassemblèrent en hâte devant sa caverne, et lui demandèrent qui s'en prenait à lui, qui l'avait blessé. « Personne ! » leur répondit-il. Les autres cyclopes perdirent alors tout intérêt pour cette histoire, et rentrèrent chez eux. A l'aube, Ulysse et ses hommes se préparèrent à s'évader de la caverne. Chaque marin fut attaché sous trois grands moutons laineux, tandis qu'Ulysse lui-même s'agrippait sous le chef du troupeau, un énorme bélier à la splendide toison. Le cyclope aveugle roula le rocher de côté et s'assit à l'entrée de sa caverne, comptant bien attraper les hommes d'Ulysse quand ils se glisseraient dehors avec les moutons. Mais ils passèrent en toute sécurité, bien au-dessous de ses mains. Ulysse fut le dernier de tous. Ils conduisirent les moutons jusqu'à leur vaisseau et levèrent l'ancre aussitôt. Mais Ulysse fut incapable de résister à l'envie de provoquer le cyclope. De son navire, il lui hurla des railleries – et sa véritable identité. Polyphème répondit en lançant dans la direction d'où venait sa voix des pans de falaise, dont certains passèrent bien trop près du navire pour la tranquillité de ses marins. Enfin, Ulysse rejoignit le reste de sa flotte, et si les équipages pleurèrent la mort de leurs compagnons, ils se consolèrent en faisant bombance aux dépens de ces mêmes moutons qui les avaient aidés à s'enfuir de la caverne.

L'Éolie

De l'île des cyclopes, Ulysse fit voile jusqu'à l'île flottante d'Éolie. Son roi, Éole, s'était vu confier par Zeus le pouvoir sur tous les vents. Éole, entouré de sa grande famille, reçut les marins grecs conformément aux lois de l'hospitalité et, quand vint pour eux le temps de partir, il enferma tous les vents de tempête dans une outre de cuir et l'offrit à Ulysse. Après quoi il convoqua une douce brise soufflant vers l'ouest, qui ramènerait les vaisseaux tranquillement chez eux à Ithaque. Ils tinrent le cap pendant dix jours, et ils étaient déjà en vue d'Ithaque quand le désastre s'abattit sur eux. Ulysse, qui était resté éveillé pendant tout le voyage pour diriger son navire, tomba d'épuisement et s'endormit. Son équipage, qui ignorait ce qu'il y avait dans l'outre de cuir, était persuadé qu'elle contenait un trésor particulièrement précieux, qu'Éole avait donné à Ulysse. Cette injustice les irritait : puisqu'ils avaient partagé les épreuves d'Ulysse, ils auraient dû partager également ses récompenses. Ils ouvrirent l'outre, et sans l'avoir voulu remirent les vents en liberté. Ulysse se réveilla au cœur d'une tempête terrifiante, qui ballottait son navire en tous sens et le reconduisit tout droit en Éolie. Mais, cette fois, Ulysse et ses camarades y reçurent un accueil glacial. Ils supplièrent Éole de leur donner une nouvelle chance. Mais le roi des vents répondit qu'Ulysse était sûrement un homme haï des dieux, refusa absolument de l'aider, et le chassa, lui et ses marins, loin de son île.

Circé

A leur escale suivante, le pays des Lestrygons, tous les vaisseaux furent perdus, sauf celui d'Ulysse lui-même, dans un affrontement désastreux avec les monstrueux habitants du lieu. C'est donc accablés de douleur et totalement abattus qu'Ulysse et ses compagnons survivants arrivèrent en vue de l'île d'Aiaié. Ils débarquèrent, et restèrent étendus deux jours et deux nuits sur la plage, complètement épuisés par leurs efforts et démoralisés par les horreurs qu'ils venaient de traverser. Le troisième jour, Ulysse se leva pour aller explorer l'île, et du haut d'une colline il vit de la fumée s'élever d'une habitation dans les bois. Décidant prudemment de ne pas aller reconnaître les lieux sur-le-champ, il revint au navire informer ses compagnons de la nouvelle. Ils en furent consternés, comme c'était prévisible : ils se souvenaient des Lestrygons et du cyclope. Mais, puisque Ulysse était déterminé à aller voir, il divisa son équipage en deux groupes, l'un commandé par lui-même et l'autre par un nommé Eurylochos. Il y eut tirage au sort, et la tâche de partir en exploration revint à ce dernier. Ulysse resterait au navire. Quelques heures plus tard, le groupe d'Eurylochos arriva sans encombre à la maison dans les bois. Il y avait devant elle des loups et des lions, qui gambadèrent et firent mille caresses aux hommes. Il s'agissait en réalité d'êtres humains, et ils ne devaient leur forme animale qu'à la magie de la sorcière Circé, dont on pouvait entendre le chant mélodieux à l'intérieur de la maison. Quand les marins appelèrent pour attirer son attention, elle se montra et les invita à entrer. Seul Eurylochos, soupçonnant une ruse, resta dehors. Circé offrit aux hommes un bon repas, mais elle mêla aux aliments une drogue qui leur fit oublier leur pays natal, et, quand ils eurent fini, elle les frappa de sa baguette et les conduisit à la porcherie : ils avaient maintenant l'apparence extérieure de pourceaux, même si, pour leur malheur, ils se souvenaient toujours de leur identité réelle. Pris de panique, Eurylochos se hâta de regagner le navire, pour faire son rapport sur la disparition de ses compagnons. Ulysse lui ordonna de le conduire immédiatement à la maison de Circé, mais il refusa. Le héros résolut donc de partir seul en expédition de secours. Tandis qu'il traversait l'île, il rencontra sur son chemin Hermès déguisé en jeune homme. Le dieu lui donna une plante appelée *molu* – c'est un mot de la langue des dieux –, qui, en se mêlant aux aliments de Circé, ferait antidote à sa drogue. Il l'instruisit aussi de ce qu'il fallait faire pour l'emporter sur la sorcière. Quand Circé le frapperait de sa baguette, il devait se jeter sur elle comme pour la tuer. Alors elle aurait peur, et l'inviterait à partager son lit. Cela, il devait l'accepter. Mais il fallait d'abord qu'il lui arrache le serment solennel de ne tenter contre lui aucune ruse tant qu'il serait vulnérable.

Tout se passa exactement comme Hermès l'avait prédit. Après qu'ils eurent été au lit ensemble, Circé baigna Ulysse, le revêtit de splendides habits et fit préparer pour lui un banquet somptueux, mais le héros resta assis en silence, l'air absent, refusant ostensiblement de lui accorder la moindre attention. Circé finit par lui demander ce qui n'allait pas. Il lui fit remarquer qu'elle pouvait difficilement attendre de lui entrain et gaieté quand la moitié de son équipage languissait dehors dans la porcherie. Circé relâcha donc les pourceaux de fraîche date, et les enduisit d'un onguent magique. Leurs soies tombèrent et ils redevinrent des hommes, mais plus jeunes et plus beaux qu'ils ne l'étaient avant. Ulysse et ses marins pleurèrent longuement de soulagement et de bonheur, jusqu'au moment où Circé leur suggéra d'aller chercher à leur vaisseau le reste de l'équipage pour qu'il participe à la fête. Ulysse et ses hommes restèrent chez Circé une année entière, mangeant, buvant, prenant leurs aises, oubliant les épreuves qu'ils avaient traversées.

Le monde d'En-bas

Finalement, certains de ses compagnons rappelèrent à Ulysse qu'il était peut-être temps de se souvenir d'Ithaque. Circé l'avertit qu'avant de prendre la mer pour rentrer chez lui il lui faudrait descendre dans le monde d'En-bas consulter le prophète thébain Tirésias. Seul Tirésias pouvait lui donner les instructions nécessaires à son retour. Aussi, Ulysse traversa le fleuve Océan avec son navire, et jeta l'ancre près du bois de saules et de peupliers de Perséphone. Il débarqua, creusa une tranchée sur la rive et versa, tout autour de cette fosse, des libations aux morts, de lait au miel, de vin doux et d'eau pure. Puis il égorgea sur la tranchée un bélier et un mouton noir. Attirées par l'odeur du sang, les âmes des morts se ruèrent en foule pour le boire. Mais Ulysse tira son épée et les tint en respect, attendant qu'apparaisse l'âme de Tirésias. La première qui approcha fut celle d'un membre de son équipage, Elpénor : le matin du départ, il était tombé du toit de la maison de Circé où il dormait, et, dans leur hâte de partir, les marins d'Ithaque l'avaient laissé là sans l'enterrer ni le pleurer – état de choses qu'Ulysse promit de rectifier aussi vite que possible. Quand Tirésias parut, Ulysse le laissa boire le sang, et le devin lui dit qu'il avait de bonnes chances de rentrer chez lui en toute sécurité, mais qu'il devait bien veiller à ne pas toucher aux vaches du Soleil sur l'île du Trident. Il l'avertit aussi de la situation qu'il trouverait à Ithaque, où des prétendants rapaces faisaient la cour à sa fidèle Pénélope.

Après qu'il eut entendu tout ce que Tirésias avait à lui dire, Ulysse laissa d'autres fantômes approcher et boire le sang qui leur permettrait de converser avec lui. La première à venir fut sa vieille mère, qui lui raconta comment elle était morte, lui fit une triste description de l'état lamentable de son père Laërte, et l'informa des courageux efforts de Pénélope pour repousser ses prétendants. Accablé de douleur, et désirant à la fois la consoler et se réconforter lui-même, Ulysse essaya trois fois de l'embrasser, mais trois fois elle s'évanouit entre ses mains comme une apparition, et il ne tint rien d'autre que de l'air. D'autres héroïnes vinrent ensuite converser, et après elles Agamemnon, qui fit à Ulysse le récit de sa mort sanglante, et le réconforta en lui disant que jamais

Pénélope n'agirait comme l'avait fait Clytemnestre. Achille aussi s'approcha, et Ulysse le salua comme l'homme le plus heureux qui ait jamais vécu, prince puissant chez les vivants et chez les morts. Achille répondit sombrement qu'il préférerait être un esclave vivant qu'un roi parmi les morts. Mais Ulysse parvint à le rasséréner en lui apprenant les prouesses de son fils Néoptolème, et il partit heureux.

Au cours de sa visite, Ulysse put contempler certaines des plus célèbres scènes du monde d'En-bas. Il vit Sisyphe pousser inlassablement vers la cime d'une montagne son grand rocher, qui glisserait et retomberait jusqu'au pied de la pente au moment même où il allait atteindre le sommet. Il vit Tantale debout dans un bassin avec de l'eau jusqu'au cou – de l'eau qui s'évanouissait quand il se penchait pour boire –, sous des branches chargées de fruits délicieux qui se balançaient au-dessus de sa tête – mais s'éloignaient prestement dès qu'il levait la main pour en cueillir un. Ulysse avait grande envie d'en voir plus, et il s'entretint effectivement avec le fantôme du puissant Héraklès, mais, avant d'avoir pu rencontrer d'autres héros des générations antérieures, il se trouva submergé par une immense vague de morts : ils arrivaient maintenant par milliers, l'entourant de leurs cris lugubres et lancinants. Pris de panique, il retourna à son vaisseau, détacha les amarres et retraversa vers le monde des vivants.

Les Sirènes. Charybde et Scylla

Ulysse revint dans l'île de Circé et, quand Elpénor eut été convenablement enterré, la magicienne lui donna des instructions supplémentaires pour son voyage et pour certaines des épreuves qui l'attendaient. Le navire croisa d'abord au large de l'île des Sirènes. Ces terrifiantes créatures, à tête et à voix de femme mais à corps d'oiseau, n'existaient que pour attirer les marins par leurs chants suaves, afin qu'ils s'écrasent contre les rochers qui bordaient leur île. Quand le vaisseau approcha de ces lieux, un calme plat tomba sur la mer et l'équipage se mit à la rame. Sur les instructions de Circé, Ulysse boucha les oreilles de ses marins avec de la cire et se fit lui-même ligoter au mât : il voulait traverser la zone dangereuse en parfaite sécurité tout en écoutant le chant suprêmement beau. « Viens plus près, Ulysse », chantèrent les Sirènes…

> Jamais un noir vaisseau n'a doublé notre cap sans ouïr les doux airs qui sortent de nos lèvres ; […] car nous savons les maux, tous les maux que les dieux, dans les champs de Troade, ont infligé aux gens et d'Argos et de Troie, et nous savons aussi tout ce que voit passer la terre nourricière.

Ulysse hurla à ses hommes de le détacher, mais ils ne l'entendirent pas, continuèrent à ramer, et bientôt le danger était passé.

L'épreuve suivante consistait à naviguer entre les périls jumeaux de Charybde et de Scylla. Charybde était un tourbillon épouvantable, qui alternativement aspirait et projetait en l'air les eaux tumultueuses. Le marin prudent qui choisissait de l'éviter était forcé de s'approcher de la tout aussi horrible Scylla. Elle était tapie dans une caverne haut perchée à flanc de rocher, dissimulée par l'écume et les vapeurs des brisants. Elle avait douze pieds, qui n'étaient que des moignons, et six cous, chacun pourvu d'une tête monstrueuse à triples rangées de dents. De sa caverne, elle prélevait avec ses cous un tribut de victimes humaines sur les navires qui s'aventuraient au-dessous. Ulysse, prévenu par Circé, choisit de ne pas parler d'elle à ses marins. Donc, se tenant le plus au large possible de Charybde, ils passèrent directement sous le rocher de Scylla. Ulysse était armé et prêt à livrer combat avec elle pour la vie de son équipage, mais elle parvint à surprendre sa vigilance et réussit à arracher de son navire six victimes humaines hurlantes.

Les vaches du Soleil

C'est alors que le vaisseau arriva en vue de l'île du Trident, avec ses riches pâturages où paissaient les troupeaux de vaches d'Apollon. Ulysse avait été averti par Circé et par Tirésias que, s'il voulait arriver vivant à Ithaque, il lui fallait éviter cet endroit, et qu'il ne devait sous aucun prétexte mettre la main sur ce plantureux bétail. Il l'expliqua à ses hommes. Mais eux, épuisés, assombris par la perte de six camarades de plus, insistèrent pour jeter l'ancre et pour passer la nuit sur la plage. Se heurtant quasiment à une mutinerie, Ulysse n'avait guère d'autre possibilité que de céder, mais il leur fit jurer de s'abstenir strictement de toute atteinte au bétail. Or une tempête se leva cette nuit-là, et pendant tout un mois le vent souffla du sud, ce qui leur interdisait de poursuivre leur voyage.

Tant que durèrent les provisions que Circé leur avait données, les hommes d'Ulysse tinrent promesse et ne touchèrent pas au bétail. Mais les réserves finirent par s'épuiser et, poussés par la faim, ils saisirent l'occasion d'une absence temporaire d'Ulysse pour s'emparer de quelques bêtes du troupeau. Ils se dirent que, s'ils tuaient ces vaches en l'honneur des dieux, ceux-ci pourraient difficilement s'en offusquer. Quand Ulysse revint, il sentit l'odeur de la viande rôtie. Tout reproche était inutile, car le mal était fait, et les dieux étaient déterminés à venger le crime. Quand les marins eurent fini de manger la viande, le vent se leva, et le navire put reprendre la mer. Mais, dès qu'il fut au large, un terrible grain s'abattit sur lui. Le vaisseau fut d'abord écrasé par la force des vagues, puis complètement détruit par la foudre. Tous les membres de l'équipage périrent, sauf Ulysse lui-même : il parvint à s'accrocher à l'épave du mât et de la quille, qu'il chevaucha pendant dix jours avant d'être rejeté sur les rives de l'île d'Ogygia, où vivait une nymphe, la belle Calypso.

Calypso

Calypso fit d'Ulysse son amant, et il resta sept ans auprès d'elle puisqu'il n'avait aucun moyen de s'échapper. Finalement, la déesse Athéna envoya Hermès, le dieu messager, expliquer à la nymphe que le temps était venu pour elle de laisser repartir son visiteur. Calypso n'avait guère envie de le perdre, mais elle savait qu'elle devait obéir. Elle donna donc à Ulysse les matériaux nécessaires à la construction d'un radeau, lui remit du vin et des provisions de bouche, puis appela un vent favorable pour qu'il le ramène rapidement à Ithaque. Il arriva sans incident en vue du pays des Phéaciens, grands voyageurs des mers, destinés à le transporter pour la dernière étape de son voyage. C'est alors que Poséidon frappa. Il haïssait Ulysse pour ce qu'il avait fait subir à son fils Polyphème, le cyclope. Et il était outré de le voir maintenant si près du but. Aussi envoya-t-il une nouvelle tempête, qui arracha le mât du radeau et le laissa errer en tous sens, ballotté à la merci des vents.

> Le Borée de l'automne emporte dans la plaine les chardons emmêlés en un dense paquet. C'est ainsi que les vents poussaient à l'aventure le radeau sur l'abîme, et tantôt le Notos le jetait au Borée, tantôt c'était l'Euros qui le cédait à la poursuite du Zéphyr.

Mais Ulysse fut sauvé d'une mort certaine par l'intervention de la nymphe marine Ino. Elle lui donna son voile, et lui dit de l'enrouler autour de sa taille, d'abandonner le radeau et de nager vers la côte. Tandis qu'une énorme vague happait son embarcation et la réduisait en miettes, Ulysse suivit les instructions d'Ino. Il nagea deux jours et deux nuits. Le troisième jour, il atteignit les côtes rocheuses de la Phéacie, les longea et parvint enfin à toucher terre sur une plage, à l'embouchure d'une rivière. Alors il rejeta à la mer le voile de la nymphe et s'étendit dans un fourré pour dormir sur un lit de feuilles.

Ulysse en Phéacie

Inspirée par Athéna, la princesse phéacienne Nausikaa avait précisément choisi ce jour-là pour aller laver son linge à l'embouchure de la rivière, dans les bassins profonds qu'on y trouvait. Quand ses servantes et elle eurent fini le lavage et étendu les vêtements sur les galets, elles n'eurent plus qu'à attendre qu'ils soient secs, et se mirent donc à se baigner, à manger, à s'amuser, à chanter, à jouer à la balle. A un moment, Nausikaa jeta la balle à l'une de ses servantes qui la manqua. La balle tomba dans la rivière. Toutes les filles poussèrent un cri perçant, et Ulysse se réveilla en sursaut, se demandant dans quel pays de sauvages il était encore arrivé. Coupant une branche pour cacher sa nudité, il émergea de son fourré. Seule Nausikaa eut le courage de lui faire face, tandis que les autres filles s'enfuyaient, prises de panique. Il s'adressa à la princesse en suppliant, la priant de bien vouloir lui indiquer le chemin de la ville et lui donner un haillon quelconque à porter. Nausikaa lui répondit avec dignité et gentillesse, et après qu'il se fut lavé, elle l'enduisit d'huile et le revêtit d'un de ses beaux vêtements propres. Elle lui donna à boire et à manger, puis il raccompagna les filles jusqu'aux abords de la ville. Pour éviter les commérages, Nausikaa laissa Ulysse poursuivre seul son chemin à partir de là. Elle lui conseilla de se présenter directement à la maison de son père Alkinoos, et de tomber en suppliant aux genoux de sa mère Arété.

Guidé par Athéna elle-même déguisée en petite fille du pays, Ulysse parvint jusqu'au splendide palais d'Alkinoos. Les murs étaient de bronze, les portes d'or, flanquées de chiens de garde d'or et d'argent. A l'intérieur de la grande salle, la lumière provenait de statues d'or massif, représentant des jeunes gens qui tenaient des torches. A côté de la cour, il y avait un beau jardin et un verger, avec des arbres fruitiers, des vignes, des carrés de légumes bien irrigués. Après avoir observé tout cela, Ulysse, enveloppé dans un nuage de brume jeté par Athéna, entra dans le palais, alla droit à la reine Arété et jeta les bras autour de ses genoux, dans le geste classique de la supplication. La brume qui le cachait aux regards disparut et les Phéaciens abasourdis écoutèrent sa prière. Il demandait qu'on lui offre le gîte, et qu'on le reconduise dans son pays natal.

Revenu de sa stupéfaction initiale, Alkinoos eut une réaction généreuse. Se refusant poliment à questionner tout de suite son hôte, il donna des ordres pour qu'on prenne soin de lui et qu'il puisse se reposer, et lui promit que, dès le lendemain matin, des mesures seraient prises pour le ramener dans son pays. Quand les autres Phéaciens furent rentrés chez eux et qu'Ulysse se retrouva seul avec Alkinoos et son épouse, Arété lui demanda qui il était, et comment il avait eu ces vêtements qu'elle avait vite reconnus. Ulysse lui fit alors le récit de ses aventures depuis qu'il avait quitté l'île d'Ogygia, et parla de sa rencontre avec Nausikaa à l'embouchure de la rivière. Pendant ce temps, Arété faisait préparer un lit, et Ulysse fut reconnaissant qu'on lui permette de se retirer.

Le lendemain, un navire fut préparé pour ramener Ulysse chez lui. Mais, avant de le laisser partir, Alkinoos, qui savait recevoir, tint à donner une fête en l'honneur de son hôte et à le réjouir par des jeux et d'autres divertissements. L'aède Démodokos joua d'abord pour la compagnie assemblée : il chanta un épisode de la guerre de Troie, une querelle qui avait eu lieu entre l'illustre Achille et le rusé Ulysse. Ulysse pleura en l'écoutant, et tira son manteau sur sa tête pour cacher sa tristesse. Seul Alkinoos le remarqua, et pour rasséréner son hôte il proposa quelques concours d'athlétisme. Ulysse prit d'abord plaisir à regarder les jeunes nobles. Mais, quand on le défia, il lança le disque à une longueur record. Puis il y eut des danses, et Démodokos se remit ensuite à chanter, prenant cette fois pour sujet les amours d'Arès et d'Aphrodite. A présent les nobles Phéaciens rivalisaient entre eux pour faire pleuvoir les présents sur Ulysse. Quand vint le repas du soir, Démodokos chanta encore, et, à la suggestion d'Ulysse, son thème fut le cheval de Troie. De nouveau

Ulysse pleura en l'écoutant, et de nouveau Alkinoos fut le seul à le remarquer. A la fin du récit, Alkinoos demanda à Ulysse de leur dire qui il était, d'où il venait et où il souhaitait qu'on le conduise. Et aussi pourquoi il pleurait aux chants de l'aède. Ainsi invité à se présenter, Ulysse révéla son identité, et raconta toutes les aventures qu'il avait vécues. Il parla des Kikones et des Lotophages, du cyclope, d'Éole et des Lestrygons, de Circé, de sa visite au monde d'En-bas, des Sirènes, de Charybde et Scylla et des vaches du Soleil, pour terminer par son séjour dans l'île de Calypso, dont il s'était échappé en entreprenant le voyage qui l'avait amené au pays phéacien. Le soir suivant, Ulysse dit enfin adieu à ses hôtes, et un rapide navire phéacien l'emmena sans problème par mer jusqu'à Ithaque. Ulysse dormait tandis que le bateau fendait les vagues à vive allure. Il dormait encore quand l'étoile du matin se leva, et l'équipage le déposa, avec les présents que les Phéaciens lui avaient donnés, sur les rives d'Ithaque, à côté d'une belle caverne où vivaient des nymphes. Quand Ulysse se réveilla il ne reconnut pas les lieux, car Athéna avait jeté une brume sur l'île, pour se donner le temps d'aller le voir et de mettre au point un déguisement convenable pour lui. Alors qu'il se demandait avec détresse où ces perfides Phéaciens avaient bien pu le débarquer, Athéna lui apparut sous la forme d'un berger et, en réponse à ses questions, lui assura qu'il était effectivement à Ithaque. De son côté,

Ulysse l'avisé raconta sur son compte à la déesse, qu'il n'avait pas reconnue, une histoire inventée de toutes pièces, où il prétendait être un exilé crétois. Elle sourit à son astuce, et en réponse lui révéla sa véritable identité, lui affirma une fois encore qu'il était vraiment à Ithaque et lui donna quelques conseils sur la façon dont il devait s'y prendre s'il voulait recouvrer sa femme et son royaume.

Ulysse à Ithaque

Après vingt ans où Ulysse avait été absent de l'île, les gens d'Ithaque – si l'on excepte son épouse Pénélope, son fils Télémaque et quelques partisans fidèles – s'étaient persuadés qu'il était mort : il était probablement tombé à Troie ou avait péri pendant le voyage de retour. Puisque Pénélope n'était pas seulement belle et accomplie mais aussi riche et puissante, et que l'homme qui l'épouserait hériterait des biens et du statut d'Ulysse, elle était harcelée par des prétendants – des jeunes nobles qui traînaient dans le palais de son mari, mangeaient ses réserves de vivres, buvaient son vin, et lui imposaient leur présence et leurs avances dont elle n'avait que faire. Aussi longtemps qu'elle le put, Pénélope chercha à gagner du temps, persuadant chacun qu'il avait des raisons d'espérer mais ne disant rien de précis à personne. Puis, pendant trois ans, elle neutralisa les prétendants par une ruse : elle leur dit qu'elle était en train de tisser un linceul pour Laërte, le vieux père d'Ulysse ; il eût été inconvenant qu'il mourût sans qu'un linceul fût prêt à recevoir son corps ; donc, pour sa décision, les prétendants devraient attendre qu'elle ait terminé son ouvrage. Chaque jour elle travaillait au métier à tisser, et à la nuit tombée, à la lumière des torches, elle défaisait tout son travail de la journée. Mais, quand commença la quatrième année, elle fut trahie par l'une de ses servantes, qui aida les prétendants à la prendre à son propre piège – et elle fut forcée, à contrecœur, d'achever enfin son ouvrage.

Peu avant l'arrivée d'Ulysse à Ithaque, Athéna avait inspiré à Télémaque, qui était maintenant en âge de jouer un rôle actif dans le retour de son père, l'idée de partir en voyage pour découvrir ce qui lui était arrivé. Télémaque s'était d'abord rendu à Pylos, où il avait consulté le vieux Nestor. Nestor n'avait pas de nouvelles, mais il l'envoya au magnifique palais de Ménélas à Sparte. Ménélas et Hélène le reçurent avec beaucoup de gentillesse, et le roi de Sparte lui apprit qu'il avait entendu le Vieil Homme de la Mer dire qu'Ulysse se trouvait abandonné sur l'île d'une nymphe, la belle Calypso. Quand Ulysse débarqua à Ithaque, Télémaque était sur le chemin du retour. Les prétendants, irrités et quelque peu alarmés par son comportement d'adulte, projetaient de tendre une embuscade à son navire quand il reviendrait vers l'île, mais, avec l'aide d'Athéna, Télémaque réussit à leur échapper et arriva sain et sauf à Ithaque.

Athéna avait conseillé à Ulysse de ne pas se rendre immédiatement à la ville, mais d'aller plutôt chercher refuge chez le porcher Eumée, qui vivait avec ses cochons dans une ferme, à quelque distance de la cité. Déguisé en mendiant, Ulysse fit ce que suggérait sa protectrice, et fut très aimablement reçu par Eumée. Ses explications sur la situation dans la ville furent entrecoupées de nombreux éloges de son maître absent et de maintes prières pour qu'il rentre sain et sauf. En réponse aux questions d'Eumée, Ulysse lui raconta une longue histoire sur son passé. Il prétendit être le fils illégitime d'un riche Crétois. Après de nombreuses aventures, il était arrivé en Thesprotie – le nom qu'on donnait alors à l'Épire –, où il avait d'ailleurs entendu parler d'Ulysse, qui était récemment passé par là. Le roi de Thesprotie l'avait mis sur un bateau à destination de Doulichion – l'une des quatre îles du royaume d'Ulysse, un grand marché au blé –, mais l'équipage – des scélérats – l'avait dévêtu et attaché, dans l'intention de le vendre comme esclave. Quand ils avaient débarqué à Ithaque, il s'était arrangé pour se libérer de ses liens et pour nager jusqu'au rivage. C'est ainsi qu'il était arrivé chez Eumée.

Le porcher goba toute l'histoire, sauf la référence à Ulysse qu'il refusa de croire, même quand son hôte jura qu'Ulysse serait de retour chez lui ce mois même, et offrit de laisser les valets de ferme d'Eumée le précipiter du haut d'une falaise si ce qu'il disait se révélait faux. Eumée servit à Ulysse un repas de porc rôti, et lui étendit une couche confortable près du feu. Lui-même passa la nuit dehors, veillant sur les biens de son maître absent.

Le soir suivant, après avoir soupé dans la hutte du porcher, Ulysse annonça son intention de se rendre en ville pour aller mendier au palais. Mais Eumée, inquiet pour la sécurité de son hôte, insista pour qu'il attende le retour de Télémaque. Cette nuit-là, ce fut Eumée qui raconta l'histoire de sa vie : il était né de parents nobles, mais avait été enlevé par des marchands phéniciens pendant son enfance pour être vendu comme esclave à Ithaque. Tôt le lendemain matin, Télémaque débarqua sur l'île et, guidé par Athéna, alla droit à la cabane du porcher. Tandis qu'Eumée s'en allait à la ville informer Pénélope du retour de son fils, Athéna dissipa le déguisement d'Ulysse et le pressa de révéler son identité à Télémaque. Le jeune prince eut d'abord quelques réticences à admettre que le mendiant qui se trouvait près de l'âtre du porcher était vraiment son père, mais il fut finalement convaincu, et les deux hommes pleurèrent ensemble de joie et de soulagement. Revenus de leurs émotions, ils mirent au point leur plan. Ulysse suivrait Télémaque jusqu'à la ville et irait mendier dans son propre palais. Une fois sur les lieux, il prendrait la mesure de la situation et attendrait le moment propice pour attaquer. Quand le temps serait venu, il ferait un signe à Télémaque et, à eux deux, avec l'aide de Zeus et d'Athéna, ils anéantiraient les odieux prétendants.

Ulysse se rendit à la ville en compagnie du porcher. En chemin, il rencontra le chevrier Mélantheus, une canaille totalement à la solde des prétendants, qui adressa un certain nombre d'insultes et de coups au vieux mendiant. Devant le palais, un vieux chien galeux et malade était couché sur un tas de fumier. Quand il entendit la voix d'Ulysse, il abaissa les oreilles et remua faiblement la queue. Ulysse le reconnut immédiatement et, très affecté par son apparence, essuya discrètement une larme. Il fit une remarque à Eumée sur le triste état de cet animal, et le porcher lui répondit que vingt ans plus tôt aucun chien n'aurait pu battre Argos à la course ou flairer plus vite une piste, mais qu'en l'absence de son maître il était devenu vieux et négligé. Tandis que les deux hommes entraient dans le palais, Argos expira tranquillement, heureux d'avoir revu son maître au bout de vingt longues années.

Comme c'était à prévoir, Ulysse fut rudoyé et insulté par les prétendants quand il essaya de mendier auprès d'eux dans sa propre salle d'honneur. Ils se moquèrent de ses guenilles, le menacèrent, l'un d'eux lui jeta même un tabouret à la tête. Mais, après sa victoire sur le mendiant en titre dans un assaut de lutte, il eut droit à un peu plus de considération de leur part. C'est à ce moment-là que Pénélope, inspirée par Athéna, décida de se montrer à ses prétendants. Elle descendit dans la grande salle, où sa beauté les remplit tous de désir. Elle réprimanda Télémaque parce qu'il les avait laissés insulter un mendiant sous son toit, puis se tourna vers les prétendants et leur dit qu'au lieu de manger ce qui était à elle en le prenant dans sa maison et sur ses biens il serait plus normal qu'ils lui fassent des cadeaux. Ils en convinrent et, au grand plaisir d'Ulysse, apportèrent de beaux présents – voiles et bijoux. Comme le soir tombait, l'heure d'un nouveau banquet arriva, et Ulysse se rendit utile en s'occupant des lumières et des feux. Les prétendants continuèrent à provoquer le mendiant qui s'était imposé parmi eux : un autre tabouret vola, mais il fut adroitement évité par sa cible. Quand les prétendants finirent par se retirer dans leurs demeures respectives pour la nuit, Télémaque et Ulysse ôtèrent toutes les armes de la grande salle et les enfermèrent dans la salle du trésor. Pénélope redescendit alors pour s'entretenir avec le mendiant, dont la présence avait éveillé son intérêt. Elle lui demanda d'où il venait et lui expliqua la triste situation où elle se trouvait elle-même. Les prétendants la pressaient de choisir l'un d'entre eux pour époux, mais elle ne souhaitait que le retour d'Ulysse. Le mendiant lui dit qu'il était un Crétois de sang royal et qu'il avait rencontré Ulysse en Crète. Pour juger de la vérité de son histoire, elle lui demanda comment était alors vêtu Ulysse ; il décrivit un manteau teinté en pourpre et fermé par une agrafe en or, représentant un chien de chasse qui tenait un faon entre ses pattes. Pénélope pleura quand elle reconnut ces détails. Pour réjouir son cœur, Ulysse lui assura que son mari était vivant, qu'il se portait bien, qu'il était tout près : en fait, il reviendrait à Ithaque ce mois même.

Pénélope proposa au mendiant de prendre un bain et d'avoir un lit confortable. Mais Ulysse, prudent, n'accepta que de se faire laver les pieds par une servante. C'est ainsi que cette tâche échut à sa vieille nourrice, Euryklée. Elle fit immédiatement la remarque que le mendiant lui rappelait Ulysse. Il répliqua que tout le monde lui disait ça. Alors qu'elle commençait à lui laver les pieds, Ulysse se souvint tout à coup de la cicatrice qu'il avait à la jambe ; c'était la marque d'une blessure ancienne : il n'était qu'un jeune garçon quand il s'était joint à cette chasse au sanglier sur le mont Parnasse, avec son grand-père Autolykos et ses oncles. Il tourna le dos à la lumière du feu, mais bien évidemment Euryklée sentit et reconnut la cicatrice. Dans son excitation, elle lâcha le bol d'eau et elle aurait poussé un grand cri pour alerter Pénélope, si Ulysse ne l'avait serré à la gorge en lui ordonnant de ne révéler à personne qui il était, jusqu'au moment où il se serait débarrassé des prétendants. Pendant toute cette scène, Pénélope était restée assise, absorbée dans ses propres pensées. Mais, quand Euryklée eut rapporté de l'eau et terminé son travail, et qu'Ulysse fut revenu près du feu, elle se tourna de nouveau vers lui et lui reparla de son embarrassante situation. Devait-elle se marier, et soulager ainsi Télémaque du fardeau de sa présence et de celle des prétendants, ou continuer à tenir bon en attendant le retour d'Ulysse ? Elle demanda au mendiant s'il pouvait lui dire le sens d'un rêve qu'elle avait eu récemment : un grand aigle avait fondu du haut des cimes et s'était abattu sur vingt oies domestiques, les tuant toutes. Puis, perché sur une poutre du toit, l'oiseau lui avait dit que les oies étaient les prétendants, et que lui-même était Ulysse.

Ulysse le mendiant lui assura que ce rêve allait se réaliser, et que les prétendants seraient tous anéantis, mais la prudente Pénélope répliqua que les rêves étaient choses peu sûres. Ceux qui sortent de la porte de corne disent la vérité, mais ceux qui sortent de la porte d'ivoire ne viennent que pour nous tromper. Avant de se retirer pour la nuit dans ses appartements, où elle pleurerait sur Ulysse jusqu'au moment où le sommeil la prendrait, elle dit au mendiant qu'elle avait l'intention d'annoncer un concours pour les prétendants. Elle ferait mettre en ligne douze fers de hache et inviterait les prétendants à tendre le grand arc d'Ulysse, puis à le bander et à tirer une flèche droit à travers l'ensemble des douze trous prévus pour les manches. Elle épouserait l'homme qui parviendrait à réussir cet exploit, qu'Ulysse lui-même avait souvent accompli.

Le lendemain, Pénélope amena le grand arc d'Ulysse et annonça le concours aux prétendants : chacun d'eux espéra qu'il serait seul capable de tendre l'arc et de tirer à travers les trous des fers de hache. Télémaque prépara la grande salle pour l'épreuve, puis tenta lui-même de tendre l'arc énorme en le courbant sur son genou. Cela exigeait toute sa force, mais il y serait parvenu si Ulysse ne l'avait arrêté d'un petit signe de tête. Aussi renonça-t-il, et un par un les prétendants vinrent essayer. Mais aucun ne put tendre l'arc, sans parler de tirer une flèche droit à travers les trous des fers de hache. Tandis qu'ils éprouvaient ainsi leur force, Ulysse se glissa hors de la grande salle, révéla sa vraie identité au porcher Eumée et au bouvier Philoetios, un fidèle lui aussi, et leur donna instruction de venir à son aide quand il leur ferait signe. Après que l'un des deux chefs des prétendants, Eurymachos, eut échoué à tendre l'arc, l'autre chef, Antinoos, suggéra de laisser cela pour la journée : c'était un jour de fête ; ils allaient plutôt banqueter et sacrifier au dieu archer, Apollon. Sa proposition rencontra l'approbation générale. Dès qu'ils eurent tous bu leur première coupe, Ulysse demanda s'il pouvait être autorisé à essayer l'arc. Antinoos se récria, mais Pénélope, qui était venue assister au concours, insista pour qu'on lui permette de tenter sa chance. Télémaque intervint alors, et renvoya sa mère dans sa chambre. Dans le brouhaha général, le porcher Eumée prit tranquillement l'arc, l'apporta à Ulysse et le mit dans ses mains. Ulysse tourna l'arme familière dans un sens et dans l'autre, vérifiant qu'elle était bien entière et n'avait pas souffert de son long repos. Puis « comme un chanteur, qui sait manier la cithare, tend aisément la corde neuve sur la clef et fixe à chaque bout le boyau bien tordu », il tendit l'arc et lâcha la corde, qui chanta sous ses mains comme un cri d'hirondelle. Posément, sans éclat, il plaça une flèche sur la corde et tira, à travers toute la ligne des trous des fers de hache.

Ébahis, les prétendants devaient être encore plus choqués par la suite. Tandis que Télémaque se levait pour prendre place aux côtés de son père, Ulysse décocha une seconde flèche, cette fois dans la gorge d'Antinoos. Ne comprenant pas ce qui se passait, croyant que cette flèche était partie par accident, les prétendants, furieux, firent cercle autour d'Ulysse, mais quand il leur révéla qui il était et leur dit que son intention était de les tuer tous, ils prirent enfin toute la mesure de leur malheur et se ruèrent sur lui. Soutenus par leurs fidèles serviteurs, le porcher et le bouvier, Ulysse et Télémaque auraient pu malgré tout succomber sous le nombre des prétendants si Athéna elle-même n'était pas intervenue de leur côté. Les prétendants mordirent la poussière les uns après les autres ; seul l'aède et le héraut, qui étaient entrés à leur service de force et contre leur gré, furent épargnés. Les prétendants « étaient couchés dans la boue et le sang : sous ses yeux, quelle foule ! on eût dit des poissons qu'en un creux de la rive les pêcheurs ont tiré de la mer écumante ; aux mailles du filet, sur les sables, leur tas bâille vers l'onde amère, et les feux du soleil leur enlèvent le souffle… ». Puis Ulysse, « tout souillé de poussière et de sang – on eût dit un lion qui vient de dévorer quelque bœuf à l'enclos », fit appeler la vieille nourrice Euryklée. Elle ordonna aux servantes qui s'étaient déshonorées en se faisant les concubines des prétendants de nettoyer la grande salle et de la remettre en état. Après quoi elles furent pendues en ligne dans la cour.

En dépit du fracas et du vacarme, Pénélope, sous l'influence d'Athéna, avait dormi paisiblement tout au long de la grande bataille en salle d'honneur et des opérations de nettoyage qui l'avaient suivie. Euryklée vint la réveiller et lui apprendre le retour de son mari. Étourdie par le choc, elle ne parvint pas à se sentir entièrement sûre que l'étranger était réellement Ulysse, ni à décider de ce qu'elle allait lui dire. Aussi prudente que son époux, elle le soumit à une ultime épreuve en demandant à Euryklée de faire sortir de leur chambre à coucher le grand lit qu'Ulysse avait construit. Ulysse savait qu'il était impossible de déplacer ce lit, car il l'avait façonné dans un olivier vivant. C'est seulement quand, exaspéré par l'obstination de sa femme à douter, il eut rappelé en détail la façon dont il avait construit ce lit, que Pénélope fut convaincue qu'il était vraiment son mari, perdu depuis si longtemps. Elle l'embrassa et pleura. Ils montèrent ensemble dans leur lit de noces et s'étendirent enfin dans les bras l'un de l'autre. Ulysse raconta tout ce qu'il avait vécu à Pénélope, et la nuit dura encore et encore, car Athéna retint l'Aurore et la fit s'attarder aux bords de l'Océan.

Jason, Médée et la Toison d'or

A l'origine, la Toison d'or était celle du bélier qui avait sauvé les enfants du roi Athamas, Phrixos et Hellé, quand Ino, leur méchante marâtre, avait voulu qu'on les sacrifie à Zeus. Le roi Athamas avait répudié sa première épouse, leur mère, et la nouvelle reine entendait se débarrasser de ces enfants du premier lit, afin d'ouvrir à son propre fils la voie du trône. Elle réussit à mettre la main sur toutes les semences et les fit griller avant qu'on ne les répande dans les champs. Cette année-là, point de récolte : la famine. Un messager partit interroger l'oracle, mais Ino le soudoya à son retour, et il fit un rapport entièrement mensonger : Zeus réclamait, prétendit-il, qu'on lui sacrifiât Phrixos et Hellé, faute de quoi les semences ne germeraient plus jamais dans le pays.

Alors intervint le bélier. Suivant la légende, il était allé chercher les enfants dans leur maison à Orchomène, puis il s'était envolé vers l'est, Phrixos et Hellé cramponnés à son dos. Alors qu'ils survolaient le détroit qui sépare l'Europe de l'Asie, la petite Hellé tomba, et la mer où elle s'abîma garda son nom – l'Hellespont. Mais Phrixos poursuivit son vol au-dessus de la mer Noire, et finalement le bélier le déposa en Colchide, à la cour du roi Aiétès. Il y fut chaleureusement accueilli. Après avoir sacrifié le bélier à Zeus, il fit don de sa merveilleuse toison au roi. Aiétès donna la Toison en ex-voto à Arès, et la fit suspendre dans un bois consacré au dieu de la guerre, où elle serait sous la garde d'un serpent particulièrement terrifiant.

Pourquoi Jason voulait-il la Toison d'or ? Pas parce qu'il la convoitait pour lui-même. Comme tant d'autres héros, il était dans l'obligation de tenter une mission considérée comme impossible pour satisfaire aux exigences d'un « maître d'œuvre » implacable. Dans son cas, c'était Pélias, roi d'Iolkos. Jason était le fils d'Aison, le souverain légitime d'Iolkos. Pélias était le demi-frère de ce roi et, dans certaines versions de l'histoire, il n'était censé régner que jusqu'au jour où Jason serait en âge de prendre les choses en main. Dans ces conditions, on n'aura pas de mal à comprendre pourquoi, lorsque Jason devint adulte et exigea son héritage, Pélias l'envoya au loin pour rapporter la Toison d'or.

La quête de la Toison, c'est l'histoire du voyage de la nef *Argo* et des aventures de son équipage, les Argonautes. La légende est probablement plus ancienne que l'*Iliade* et l'*Odyssée*, mais elle nous est essentiellement parvenue sous la forme d'un poème épique bien ultérieur : les *Argonautiques*, du poète alexandrin Apollonios de Rhodes.

Les Argonautes étaient une cinquantaine, mais, même si les sources diffèrent sur certains noms, les personnages principaux sont bien connus. Outre Jason lui-même, ce sont : Argos, le constructeur de la nef *Argo* ; Tiphys, son timonier ; le musicien Orphée ; Zétès et Kalaïs, les fils du Vent du Nord ; Castor et Pollux, les frères d'Hélène ; Pelée, le père d'Achille ; Méléagre, célèbre pour sa participation à la chasse au sanglier de Calydon, où tant de héros de la Grèce avaient uni leurs efforts contre l'animal monstrueux qu'Artémis en colère avait envoyé ravager ce pays ; Laërte et Autolykos, respectivement le père et le grand-père d'Ulysse ; Admète, qui laisserait un jour sa femme mourir à sa place ; le prophète Amphiaraos ; et, dans la première partie du voyage, Héraklès lui-même. Aux côtés de ces noms fameux, il y avait toute une troupe d'autres héros. Leur navire, l'*Argo* – le mot signifie « agile » –, était le plus rapide jamais mis à flot. Il avait été construit dans le port de Pagases, en Thessalie, entièrement en bois du mont Pélion, sauf la proue, qui était un fragment d'un des chênes sacrés du sanctuaire de Zeus à Dodone, présent de la déesse Athéna. Ce morceau de chêne était prophétique, et il pouvait à l'occasion parler.

La nef *Argo* prit la mer sous d'heureux présages et mit le cap au nord, en direction de la mer Noire. Au cours de son voyage vers la Colchide, son équipage vécut de nombreuses aventures. En Mysie, les Argonautes perdirent Héraklès : un autre membre de l'équipage, un beau jeune homme nommé Hylas, était allé chercher de l'eau fraîche pour un banquet et n'était pas revenu au navire ; tombées amoureuses de sa beauté, les nymphes de la source qu'il avait trouvée l'avaient enlevé et noyé ; mais Héraklès refusa d'abandonner les recherches, et l'*Argo* dut repartir sans lui.

Sur la rive grecque du Bosphore, les Argonautes rencontrèrent Phineus, prophète aveugle, fils de Poséidon, auquel les dieux avaient infligé un terrible châtiment. Chaque fois qu'il s'asseyait pour manger, il voyait fondre du ciel des Harpyes, terribles créatures mi-femmes mi-oiseaux, qui s'emparaient d'une partie de ses aliments avec leur bec et leurs serres et souillaient le reste de leurs excréments. Les Argonautes tendirent un piège à ces monstres. Ils invitèrent Phineus à partager leur repas. Les Harpyes ne manquèrent pas d'apparaître, mais les fils du Vent du Nord, qui avaient des ailes, tirèrent l'épée et les poursuivirent, jusqu'au moment où, épuisées, elles promirent de ne plus recommencer. Phineus révéla alors aux Argonautes tout ce qu'il put sur leur voyage. Le principal péril qui les attendait, c'étaient des écueils qui se précipitaient l'un contre l'autre et s'entrechoquaient violemment. Quand ils arriveraient devant eux, ils devaient y lancer d'abord une colombe. Si la colombe réussissait à passer entre les écueils, la nef *Argo* y parviendrait aussi. Mais si la colombe échouait ils n'auraient plus qu'à faire demi-tour : leur mission était vouée à l'échec.

La colombe réussit à passer saine et sauve entre les écueils qui s'entrechoquaient : seule la plus longue plume de sa queue resta prise dans leur étreinte. Et la nef *Argo*, lancée à vitesse maximale, traversa aussi l'étroit chenal sans rien subir de plus grave qu'un léger dommage à la poupe. Après quoi les Argonautes n'eurent plus à affronter d'autres épreuves et arrivèrent sans difficulté en Colchide.

Quand Jason eut expliqué le motif de son voyage, le roi Aiétès édicta que, avant de pouvoir enlever la Toison d'or, il devrait d'abord mettre sous le joug deux taureaux aux sabots de bronze qui soufflaient du feu par les naseaux, présent du dieu Héphaïstos, et les atteler à une charrue. Quand il l'aurait fait, il devrait semer les dents du dragon que Kadmos avait tué à Thèbes (Athéna en avait fait don à Aiétès), et, quand des hommes armés pousseraient, les tuer tous. Jason accepta toutes ces conditions sans trop réfléchir. Mais il eut la chance, quand il lui fallut s'exécuter, de recevoir l'aide de la fille du roi, la sorcière Médée. Après lui avoir fait promettre qu'il l'emmènerait avec lui à Iolkos pour l'épouser, elle lui donna un onguent magique dont il enduisit son corps et son bouclier. Il en devint invulnérable à toute attaque, du feu comme du fer. Elle lui donna d'autres instructions sur ce qu'il devait faire quand il se trouverait face à la moisson d'hommes armés : il fallait jeter des pierres dans leurs rangs, et ils allaient se battre entre eux, au lieu de l'attaquer, lui. Ainsi équipé et conseillé, Jason triompha dans toutes ses épreuves.

Aiétès, un peu surpris des prouesses de son visiteur, était toujours réticent à lui céder la Toison. Il tenta même de mettre le feu à la nef *Argo* et de massacrer son équipage. Alors, tandis que Médée droguait le serpent qui la gardait, Jason enleva prestement la Toison d'or du bois sacré et, avec les autres Argonautes, les deux complices prirent discrètement la mer. Quand Aiétès découvrit la double disparition de sa Toison et de sa fille, il partit à leur poursuite à bord d'un autre navire, mais cela aussi, Médée y avait pensé. Elle avait emmené avec elle son jeune frère Apsyrtos ; elle le tua quand le navire de son père approcha, puis le coupa en petits morceaux qu'elle jeta par-dessus bord. Comme elle l'avait prévu, Aiétès s'arrêta pour les ramasser, et l'*Argo* réussit à lui échapper.

La route empruntée par la nef *Argo* pour son voyage de retour a laissé perplexes bien des érudits. Au lieu de rentrer par l'Hellespont, Jason sortit de la mer Noire par le Danube, ce qui lui permit on ne sait par quel miracle de déboucher dans l'Adriatique. Non contents de cet exploit, les Argonautes remontèrent alors le Pô, puis le Rhin, avant de retrouver d'une façon ou d'une autre le chemin du retour dans les eaux plus familières de la Méditerranée. Et, partout où ils allèrent, ils vécurent des aventures fantastiques. En Crète, par exemple, ils se heurtèrent au géant de bronze Talos, créature conçue par Héphaïstos pour fonctionner comme une sorte de défense côtière mécanique au service de Minos, le roi de l'île. Talos faisait le tour de la Crète à pied trois fois par jour et en interdisait l'accès aux navires : il arrachait des morceaux de falaise et les jetait à tout vaisseau qui tentait de s'en approcher de trop près. Il était absolument invulnérable, à la seule exception d'une veine de son pied. Si elle était atteinte, sa force vitale s'en irait. Médée parvint à le droguer : il devint fou. Il se mit à se jeter lui-même contre les rochers. Il finit par se blesser à la veine, et fut donc l'agent de sa propre mort.

Quand Jason fut enfin de retour à Iolkos, il épousa Médée et donna la Toison d'or à Pélias. Il existe diverses versions de ce qui se passa ensuite. L'une d'elles dit que Médée amena par la ruse les filles de Pélias à tuer leur père. Elle prouva d'abord qu'elle avait le pouvoir de rendre la jeunesse : elle mélangea divers breuvages dans un chaudron d'eau bouillante, puis tua un vieux bélier, le coupa en morceaux et jeta les morceaux à l'intérieur ; il en sortit immédiatement un jeune agneau frais et dispos. Ivres d'enthousiasme et animées des meilleures intentions, les filles de Pélias se précipitèrent aussitôt chez leur vieux père et le coupèrent en morceaux, qu'elles firent bouillir dans le chaudron. Les malheureuses ! Elles avaient seulement hâté sa fin.

On imagine le scandale qui s'ensuivit. Jason et Médée durent s'enfuir à Corinthe. Ils y vécurent heureux pendant dix ans au moins et eurent deux enfants. Mais Jason finit par se lasser de sa femme et décida de la quitter pour épouser Glauké, la fille toute jeune du roi de Corinthe. Médée, ivre de jalousie, envoya à Glauké en cadeau une robe. Quand elle la mit, la robe lui colla à la peau et la lui arracha. Le roi tenta d'aider sa fille à la torture, mais lui aussi fut pris au piège de la robe et tous deux moururent dans d'atroces souffrances. Pour punir Jason davantage encore, Médée assassina alors les deux enfants qu'elle avait eus de lui, puis monta au ciel dans un char de feu. Par la suite, Jason devait finalement revenir exercer le pouvoir royal à Iolkos.

Persée et Méduse

A en croire l'érudit alexandrin Apollodore, Persée, le fondateur légendaire de Mycènes, ne serait pas né si son grand-père était parvenu à ses fins. Akrisios, roi d'Argos, avait une fille de toute beauté, Danaé, mais il était déçu de n'avoir point de fils. Il consulta un oracle pour savoir s'il engendrerait jamais un héritier mâle. L'oracle répondit par la négative, mais ajouta qu'avec le temps il aurait un petit-fils dont le destin était de tuer son grand-père. Bien décidé à éviter ce triste sort, Akrisios prit des dispositions très strictes : il enferma Danaé dans une tour d'airain où elle languit dans une réclusion totale.

Un jour, Zeus prit la forme d'une pluie d'or, passa par l'ouverture du toit et vint la voir. A la suite de cette visite, elle donna naissance à Persée. On imagine la fureur d'Akrisios. Mais il crut encore possible d'échapper à son destin. Il fit construire par le menuisier du palais un grand coffre, où Danaé fut forcée d'entrer avec son bébé. Ce coffre, on l'emporta au large et on le jeta à la mer.

Danaé et Persée survécurent aux assauts des vagues, et, au terme d'une épuisante journée d'horreur, le coffre fut rejeté sur une plage de l'île de Sériphos, l'une des Cyclades. C'est là que la mère et le fils furent découverts et recueillis par un honnête pêcheur, Dictys, frère du roi de Sériphos Polydektès – qui devait se révéler, lui, beaucoup moins scrupuleux.

Quelques années plus tard, Polydektès s'éprit de Danaé. Mais Persée, qui grandissait, protégeait jalousement sa mère des assiduités importunes du roi. Un jour, au cours d'un banquet, Polydektès demanda à ses hôtes quel cadeau chacun d'eux était prêt à lui faire. Tous lui promirent des chevaux, sauf Persée qui, n'ayant rien à donner, s'offrit inconsidérément à ramener au roi la tête d'une Gorgone. Aussitôt, Polydektès le prit au mot, et Persée se vit obligé de s'exécuter pour de bon.

Qui étaient les Gorgones ? Trois monstrueuses créatures ailées, coiffées de serpents en guise de cheveux. Deux étaient immortelles. Seule la troisième, Méduse, était mortelle, donc potentiellement vulnérable. Mais il y avait un énorme problème : tout être vivant posant les yeux sur elle était instantanément changé en pierre.

Par bonheur, Hermès vint secourir Persée : il lui indiqua le chemin qui le mènerait jusqu'aux Grées – les trois

Vieilles. Elles étaient sœurs et n'avaient à elles trois qu'un seul œil et qu'une seule dent, dont elles se partageaient l'usage. Instruit par Hermès, Persée parvint à s'emparer de l'œil et de la dent au moment où l'une des Vieilles les passait à une autre, et il refusa de les rendre tant qu'elles ne lui auraient pas dit comment trouver les Nymphes, qui devaient lui donner le matériel dont il avait besoin pour affronter Méduse.

Les Nymphes lui remirent obligeamment un bonnet d'invisibilité qui lui permettrait d'attaquer la Gorgone par surprise, des sandales ailées pour mieux se replier ensuite, et une besace spéciale où il mettrait la tête quand il l'aurait tranchée. Hermès lui fabriqua une épée recourbée en forme de faucille, et c'est donc pleinement équipé que Persée partit se battre avec Méduse. Athéna l'y aida, en tenant devant lui un miroir de bronze où se reflétait la Gorgone. Il put ainsi se dispenser de regarder en face son terrible visage, et il finit par en venir à bout. Alors, l'effroyable tête enfermée en toute sécurité dans la besace, il se hâta de rentrer à Sériphos, porté par ses sandales ailées.

Comme il survolait la côte éthiopienne, Persée vit au-dessous de lui une belle princesse attachée à un rocher. Elle s'appelait Andromède. Son insensée de mère, Cassiopé, s'était attirée la fureur de Poséidon en se vantant d'être plus belle que les filles de Nérée, l'un des dieux de la mer. Poséidon, pour la punir, avait envoyé un monstre marin ravager le royaume. On ne pourrait l'apaiser qu'en lui offrant la fille du roi. Voilà pourquoi Andromède se trouvait ainsi exposée sur un rocher du rivage, dans l'attente d'un sort affreux. Persée tomba immédiatement amoureux d'elle. Il tua le monstre marin et libéra la belle princesse. Le roi et la reine, transportés de joie, lui accordèrent la main de leur fille Andromède, et les deux jeunes mariés partirent ensemble en direction de Sériphos.

Le tyran Polydektès n'avait pas cru un seul instant que Persée reviendrait un jour, et il dut être assez gratifiant pour le héros de le voir se pétrifier lentement en regardant la tête de la Gorgone. Après quoi Persée offrit la tête à Athéna. Elle s'en fit un emblème, qu'elle fixa au centre de l'égide.

Persée, Danaé et Andromède partirent alors ensemble pour Argos, espérant se réconcilier avec le vieux roi Akrisios. Mais celui-ci, quand il apprit qu'ils arrivaient, ne songea qu'à fuir la menace que représentait pour lui son petit-fils. Il gagna précipitamment la Thessalie. C'est là que Persée et Akrisios, qui ne se connaissaient pas, se trouvèrent réunis par hasard et sans le savoir aux jeux funéraires du roi de Larissa. Et c'est là que s'accomplit l'oracle tant redouté : au cours des jeux, Persée lança un disque qui dévia soudain de sa trajectoire et tomba sur le pied d'Akrisios debout parmi les spectateurs, le tuant net.

Fort raisonnablement, Persée jugea qu'il ne serait guère politique d'aller sur-le-champ à Argos revendiquer le trône du roi Akrisios qu'il venait de tuer. Il préféra échanger son royaume contre celui de son cousin Mégapentes. Mégapentes devint donc roi d'Argos. Quant à Persée, il alla régner sur Tirynthe, où il fit ériger, dit-on, les murailles de Midéa et de Mycènes.

Œdipe et le cycle de Thèbes

Le cycle de mythes qui évoque le destin de la cité de Thèbes et de sa famille royale est certainement aussi ancien que ceux dont traitent l'*Iliade* et l'*Odyssée*, mais il nous vient en grande partie de sources bien plus tardives. Nous connaissons la fondation de Thèbes essentiellement par des auteurs latins comme le poète Ovide, l'histoire de Penthée et celle d'Œdipe par les auteurs tragiques de l'Athènes du ve siècle, Eschyle, Sophocle et Euripide.

Kadmos et la fondation de Thèbes

Kadmos était l'un des trois fils d'Agénor, roi de Tyr, cité de la côte orientale de la Méditerranée. Leur sœur, la belle Europe, jouait sur la plage quand elle fut emportée en Crète, de l'autre côté de la mer, par Zeus qui avait pris la forme d'un taureau. Agénor donna à ses fils l'ordre de retrouver leur sœur, et leur défendit de revenir sans elle dans sa maison. Au cours de sa longue errance, Kadmos arriva à Delphes, où l'oracle lui fit savoir qu'une vache viendrait à sa rencontre quand il quitterait le sanctuaire ; il devrait fonder une cité à l'endroit où elle finirait par s'arrêter. La vache conduisit Kadmos sur le site de la future Thèbes, et, quand elle s'étendit pour se reposer, il comprit qu'il était arrivé à l'endroit où s'élèverait sa cité, et décida de sacrifier l'animal aux dieux. Comme il avait besoin d'eau fraîche, il envoya ses serviteurs en puiser à une source voisine, la fontaine d'Arès. Mais le bassin de cette fontaine était gardé par un terrible serpent, qui attaqua les hommes de Kadmos et les dévora tous. Quand il partit à leur recherche, il ne trouva sur les lieux que des membres épars et l'énorme monstre couché, repu. Kadmos était seul et n'avait qu'une arme légère, mais il parvint à tuer le serpent, puis, sur les conseils d'Athéna, il sema ses dents dans le sol. Il en poussa aussitôt une moisson de guerriers, tous lourdement armés d'épées et de lances. Ils se seraient rués sur Kadmos s'il n'avait eu l'idée de jeter un grand bloc de pierre au milieu d'eux. Ils se mirent sur-le-champ à se tailler en pièces entre eux, jusqu'au moment où il n'en resta plus que cinq. Ces cinq-là se joignirent alors à

Kadmos et devinrent les fondateurs des cinq grandes familles de Thèbes.

La cité de Kadmos devint vite riche et puissante, et il prospéra avec elle. Il épousa Harmonia, fille d'Arès et d'Aphrodite, et ils eurent quatre filles, Ino, Autonoé, Agavé et Sémélé, et un fils, Polydoros. Et ses enfants eurent eux-mêmes des enfants. Autonoé fut la mère d'Actéon, le grand chasseur qui devait mourir déchiré par ses propres chiens, car Artémis l'avait changé en cerf pour le punir de l'avoir vue nue. La belle Sémélé fut séduite par Zeus et se trouva enceinte de ses œuvres : elle portait son fils Dionysos, le dieu du vin. L'épouse divine de Zeus, Héra, toujours jalouse, suggéra perfidement à Sémélé qu'elle devrait demander à Zeus de lui apparaître sous la forme qu'il prenait pour se montrer à Héra. Comme Sémélé lui avait fait d'abord jurer de lui accorder ce qu'elle allait lui demander, Zeus fut obligé de s'exécuter : il se révéla sous la forme d'un éclair de lumière qui la brûla vive. Mais Zeus arracha l'enfant au ventre de Sémélé et le mit dans sa propre cuisse, d'où il naquit le moment venu.

La famille de Sémélé refusa de croire que Zeus était à l'origine de sa grossesse et de sa mort. Quand le culte de Dionysos se répandit dans toute la Grèce, il rencontra partout beaucoup d'enthousiasme et peu de résistance, sauf à Thèbes où le propre cousin de Dionysos, Penthée, le fils d'Agavé, ne voulut pas l'accepter.

Penthée

L'une des caractéristiques essentielles du culte de Dionysos à l'époque classique était la constitution de bandes de femmes qu'on appelait les ménades. A une certaine période de l'année, elles erraient des jours durant dans les montagnes, prises de transes extatiques, buvant du vin, donnant le sein à de jeunes animaux ou les dévorant après les avoir déchirés à mains nues, charmant les serpents, se comportant à tous égards en folles furieuses. Parce qu'il avait des aspects orgiaques et que ses dévotes étaient surtout des femmes, le culte de Dionysos éveillait la suspicion des autorités masculines, qui préféraient savoir les femmes à la maison et sous leur contrôle. La tragédie d'Euripide *Les Bacchantes* évoque un cas extrême de débordements dionysiaques et de suspicion masculine. Dans la pièce, Dionysos vient en personne à Thèbes, déterminé à punir les parents de sa mère pour leur manque de foi, en elle comme en lui. Les femmes de Thèbes, y compris les sœurs de Sémélé, sont toutes soulevées d'enthousiasme pour le dieu. Tenues par la transe, elles errent en courses sauvages sur le mont Cithéron pendant presque toute la pièce. Penthée, roi de Thèbes, se montre extrêmement méfiant envers son cousin Dionysos, cet efféminé aux cheveux longs, mais, comme le dieu lui ôte peu à peu la raison, il est amené à exprimer le désir d'aller sur la montagne espionner les ménades. Dionysos l'y emmène donc et, quand ils parviennent à l'endroit où se trouvent les femmes, le dieu courbe un grand pin afin que Penthée puisse se percher au sommet et regarder ce qu'il voudra. Comme c'était prévisible, il devient une cible facile pour les ménades. Elles déracinent l'arbre et déchiquettent Penthée à mains nues. L'une des plus acharnées est sa propre mère, Agavé, qui rentre triomphalement à Thèbes en portant la tête de son fils, qu'elle croit être celle d'un jeune lion. A la fin de la pièce, elle prend conscience de ce qu'elle a fait, et tous reconnaissent le pouvoir du dieu.

La maison d'Œdipe

Œdipe, arrière-arrière-petit-fils de Kadmos, est peut-être aujourd'hui, après Héraklès, le mieux connu de tous les héros grecs. Il est célèbre pour la solution qu'il a apportée à l'énigme du Sphinx, et plus encore pour sa relation incestueuse avec sa mère. Dans la Grèce antique, s'il était renommé pour ces deux épisodes, on lui prêtait aussi une signification plus générale : c'était l'archétype du héros tragique, dont l'histoire incarnait le fléau humain universel de l'ignorance – l'incapacité de l'homme à savoir qui il est, et sa cécité devant le Destin.

Œdipe était né à Thèbes, de Laïos, roi de la cité, et de son épouse Jocaste. Un oracle ayant prédit que Laïos mourrait des mains de son fils, le bébé Œdipe fut donné à un berger pour qu'il l'expose sur le mont Cithéron, les chevilles percées afin qu'il ne puisse s'en aller en rampant. Telle est l'origine de son nom, qui signifie « pied enflé ». Mais le berger avait bon cœur. Il ne put se résoudre à abandonner l'enfant et le remit à un autre berger, qui gardait ses troupeaux sur le versant opposé de la montagne. Celui-ci présenta le bébé à Polybe, roi de Corinthe, qui, n'ayant pas d'enfant, fut très heureux d'élever celui-ci comme le sien. Enfant, puis adolescent, Œdipe dut essuyer à plusieurs reprises, dans des disputes avec des jeunes de son âge, des allusions insultantes laissant entendre qu'il n'était pas le vrai fils de Polybe. Celui-ci lui assura qu'il l'était sans l'ombre d'un doute, mais Œdipe finit par décider d'aller consulter l'oracle de Delphes. L'oracle ne lui révéla pas qui étaient ses vrais parents ; il lui dit seulement qu'il avait pour destin de tuer son père et d'épouser sa mère. Profondément horrifié, si choqué qu'il en oubliait ses propres doutes sur l'identité de ses géniteurs, il quitta Delphes fermement résolu à ne jamais revenir à Corinthe, où vivaient Polybe et sa femme.

Inconnu d'Œdipe, Laïos, son vrai père, voyageait aussi dans les environs de Delphes. A un carrefour où convergeaient trois routes, Œdipe se trouva soudain tout à côté du char du roi de Thèbes. Un membre de l'escorte de Laïos lui ordonna rudement de dégager la voie, mais il n'était pas d'humeur à s'exécuter et gratifia l'insolent d'un coup de fouet. Au passage du char, Laïos lui-même frappa Œdipe de son bâton, sur quoi Œdipe le fit tomber et le tua. Puis il oublia complètement l'incident et passa son chemin.

Tournant résolument le dos à Corinthe, il finit par arriver aux abords de la cité de Laïos, Thèbes. La ville était alors terrorisée par le Sphinx, monstre en partie lion ailé, en partie femme, qui posait une question énigmatique : « Qu'est-ce qui marche sur quatre jambes, sur deux jambes et sur trois jambes ? » Ceux qui ne donnaient pas la bonne réponse, il les jetait au bas d'un précipice, dont le fond, recouvert d'une couche épaisse d'ossements, témoignait du nombre de ses victimes. Quand la mort de Laïos fut connue à Thèbes, on décida d'offrir le royaume et la main de la reine à qui saurait résoudre l'énigme et délivrer le pays de ce véritable fléau qu'était le Sphinx. Or, l'énigme ne posa aucun problème à Œdipe ; il fut prompt à trouver qu'il s'agissait de l'homme, parce qu'il marche à quatre pattes quand il est tout petit, puis marche debout sur deux jambes, et enfin, quand il devient vieux, a besoin du soutien d'une troisième jambe – une canne. Quand le Sphinx entendit sa réponse, il en fut tellement furieux et mortifié qu'il se jeta lui-même dans l'abîme et mourut.

Les citoyens de Thèbes reçurent Œdipe avec enthousiasme et en firent leur roi. Il épousa Jocaste et, pendant des années, ils vécurent dans un bonheur sans nuage et une harmonie parfaite. Œdipe était un roi sage et bienveillant, et Jocaste lui donna deux fils, Étéocle et Polynice, et deux filles, Antigone et Ismène. Mais, un jour, un nouveau fléau s'abat sur le pays de Thèbes, et c'est à ce moment de l'histoire que commence la grande tragédie de Sophocle, *Œdipe roi*. Voici que les récoltes meurent dans les champs et les vergers ; que les animaux deviennent stériles ; que les enfants tombent malades et que les bébés à naître se dessèchent dans le ventre de leur mère. Et les dieux restent sourds à toutes les supplications ! Le frère de Jocaste, Créon, parti consulter l'oracle de Delphes, revient avec sa réponse : la souillure ne sera levée que lorsque le meurtrier de Laïos sera traduit en justice. Aussitôt, et avec la dernière énergie, Œdipe entreprend de retrouver cet homme, et sa première initiative consiste à consulter Tirésias, le prophète aveugle. Tirésias se montre d'abord réticent à révéler l'identité de l'assassin, mais peu à peu la colère monte en lui, car Œdipe ne cesse d'insinuer que le prophète a certainement été mêlé personnellement au meurtre d'une façon ou d'une autre, puisqu'il ne veut pas parler. Il finit par proclamer bien haut que le pécheur qui souille la cité est le roi Œdipe lui-même. Il prophétise aussi qu'Œdipe, qui se croit si sage et si perspicace, refusera d'accepter la vérité de ses paroles, refusera de reconnaître qui il est et ce qu'il a fait.

Œdipe, fou de rage, soupçonne son beau-frère Créon de complot : ne chercherait-il pas, avec la complicité de Tirésias, à s'emparer du trône ? Créon n'a rien à dire qui puisse le rassurer. Jocaste tente alors de dédramatiser : il est impossible que ce soit Œdipe qui ait tué Laïos, dit-elle, car le meurtre a eu lieu à un endroit très reconnaissable : un carrefour, où trois routes se croisent. Soudain, Œdipe se souvient de sa rencontre fortuite avec le vieil homme près de Delphes. Il questionne Jocaste sur l'apparence physique de Laïos (qui, c'est étrange, ressemblait beaucoup à Œdipe lui-même), sur le nombre de personnes qui l'accompagnaient. Et il comprend que l'ancien roi est probablement l'homme qu'il a tué. Tandis qu'il attend le seul membre de l'escorte revenu à Thèbes, pour qu'il lui en donne confirmation, un messager arrive de Corinthe avec la nouvelle rassurante que Polybe est mort de mort naturelle. Œdipe, qui ne soupçonne pas encore toute l'étendue de son crime, est heureux d'avoir échappé à l'une au moins des prédictions de l'oracle. Mais il se promet de rester prudent malgré tout, car il reste la seconde, et il ne veut certainement pas risquer d'épouser sa mère.

C'est alors qu'avec les meilleures intentions le messager, qui souhaite apaiser les tourments d'Œdipe, lui assure qu'il n'a rien à craindre, car Polybe et sa femme n'étaient pas ses vrais parents : c'est lui, personnellement, qui a reçu le bébé Œdipe d'un berger de Laïos sur le mont Cithéron, et qui l'a donné à Polybe. Même après cette révélation, Œdipe ne fait pas les liens qui s'imposent, et, tandis que Jocaste, terrifiée, tente en vain de le persuader d'arrêter son enquête, il persiste dans ses efforts pour aller jusqu'au fond du mystère : il exige qu'on lui amène le berger de Laïos, à présent un vieillard. Cet homme, par une ironie du Destin, est aussi le seul témoin survivant du meurtre de Laïos. Quand il le voit, Œdipe comprend enfin toute l'horreur de la situation. L'homme reconnaît qu'il a pris le fils de Laïos, et que, par pitié, il l'a donné au berger de Polybe au lieu de le laisser mourir. Cet enfant, c'était Œdipe, qui a succédé à son père sur son trône et dans son lit.

Jocaste n'a pas attendu le dénouement. Elle est entrée avant Œdipe dans le palais et quand il la suit avec, semble-t-il, des intentions meurtrières il découvre qu'elle s'est pendue. Arrachant les broches d'or de sa robe, il se les enfonce encore et encore dans les yeux jusqu'à ce que le sang ruisselle sur tout son visage. Comment pourrait-il supporter de voir le monde maintenant qu'il voit la vérité ? La pièce laisse au chœur le soin d'exprimer la morale de l'histoire. Si sûr de lui que l'homme se sente, si riche et puissant qu'il apparaisse, si évidents que soient les signes extérieurs de son bonheur, nul ne peut être absolument certain d'échapper au pire des désastres. Il n'est pas prudent de dire d'un homme qu'il est heureux tant qu'il se trouve de ce côté-ci de la tombe.

Œdipe supplia Créon de le bannir immédiatement, mais il n'eut pas l'autorisation de quitter Thèbes pendant plusieurs années, jusqu'au moment où cette sanction fut ratifiée par un oracle. Quand il fut enfin chassé, il était bien moins désireux de partir. Il était un vieillard, maintenant, condamné à errer de lieu en lieu en mendiant l'abri et le pain, ses pas d'aveugle guidés par ses filles Antigone et Ismène. Si elles lui inspiraient du réconfort et même un certain bonheur, ses fils Polynice et Étéocle prenaient de plus en plus leurs distances avec lui. Ils s'éloignaient aussi de leur oncle Créon – et l'un de l'autre. Il avait été convenu qu'ils régneraient à tour de rôle un an chacun mais, quand Étéocle eut fini sa première année, il refusa de remettre le trône à son frère. Polynice chercha refuge à Argos, réunit autour de lui un groupe de six autres champions et décida d'aller assiéger avec eux sa cité natale. Telle est la situation au début de la pièce de Sophocle *Œdipe à Colone*, où l'on voit Œdipe, au soir de sa vie, arriver sous les oliviers du bois sacré de Colone, aux abords d'Athènes.

Soutenu par Antigone, Œdipe se réfugie auprès d'un autel pour attendre l'arrivée de Thésée, roi d'Athènes, quand Ismène arrive avec des nouvelles de Thèbes. Les factions rivales des deux frères s'échauffent davantage chaque jour, et un oracle a prédit que le camp qui pourrait mettre la main sur Œdipe sortirait vainqueur. Mais Œdipe, qui ressent une égale fureur contre Créon et contre ses deux fils, est bien décidé à ne soutenir personne. Ils n'ont qu'à résoudre leur conflit en se battant entre eux, et il espère bien qu'ils s'entre-détruiront. Quand Thésée arrive, donc, Œdipe lui demande l'autorisation de finir ses jours à Athènes. Thésée accueille favorablement sa requête et offre de l'emmener dans un endroit plus confortable, mais Œdipe souhaite rester là où il est. C'est alors qu'apparaît Créon, bien décidé à le convaincre de revenir avec lui, non jusqu'à Thèbes, mais jusqu'à la frontière de la cité : ainsi, tout en évitant la souillure qu'impliquerait la présence effective d'Œdipe sur le sol thébain, sa faction serait protégée par son étroite proximité. Quand Œdipe fait fi de ses protestations d'amitié et rejette abruptement son offre, Créon devient violent et menace de s'emparer de lui par la force. Il a déjà capturé Ismène, et voilà que ses soldats entraînent aussi Antigone loin de son père impuissant.

Thésée revient juste à temps pour empêcher qu'on arrache le vieillard à l'autel. Il critique vivement les actes de Créon et promet de rendre ses filles à Œdipe. Il ordonne à Créon de regagner Thèbes. Arrive alors Polynice. Lui aussi vient pour raisons politiques : s'assurer la protection de ce père qu'il a aidé à chasser de Thèbes. Lui aussi est vertement rabroué : Œdipe annonce son intention de rester à Colone jusqu'à la fin de ses jours. La pièce se termine de façon intensément dramatique. Œdipe disparaît dans le bois sacré, puis un messager en sort pour raconter sa fin miraculeuse, dont Thésée a été le seul témoin. Les bénédictions qu'il aurait pu donner à Créon ou à Polynice, déclare-t-on, Œdipe les a transférées à Athènes, qui sera désormais protégée par sa présence.

L'attaque de Thèbes par Polynice et ses alliés est le sujet de la tragédie d'Eschyle *Les Sept contre Thèbes*. Sept champions mènent l'assaut contre les sept portes de Thèbes, et il revient à Polynice de prendre celle que défend son frère Étéocle. Les Thébains finissent par repousser leurs agresseurs, mais au cours des combats les deux frères s'affrontent à l'épée et s'entre-tuent, accomplissant ainsi la malédiction de leur père et poursuivant la funeste saga de la maison d'Œdipe.

L'action dramatique de l'*Antigone* de Sophocle commence à ce stade de l'histoire. Les héritiers mâles d'Œdipe sont tous deux morts. Créon prend le titre de roi de Thèbes. Il décrète qu'Étéocle sera enterré en grande cérémonie, mais que le traître Polynice sera laissé là où il est tombé, afin que son cadavre aille nourrir les chiens et les oiseaux de proie. Pour s'assurer que son édit soit obéi, Créon met sous bonne garde le corps de Polynice. Bientôt ses soldats reviennent avec Antigone, surprise alors qu'elle jetait des poignées de terre sur les restes déchiquetés de son frère, afin de lui offrir un enterrement symbolique. Quand on lui reproche sa désobéissance, elle réplique que les lois des dieux, qui exigent qu'on enterre ses parents, sont irrévocables et immuables, et qu'elles doivent passer avant les lois des hommes. Dans son *Antigone*, Sophocle utilise le mythe pour explorer ce conflit entre loi humaine et loi divine. Qu'est-ce que l'individu ordinaire est censé faire quand les deux ensembles de lois se contredisent ? Si la réponse semble être en dernière analyse « obéir à la loi divine quoi qu'il en coûte », le problème n'est en rien tranché dès le début. Tandis qu'Antigone est décrite comme une forte tête, une femme bien peu féminine qui ne veut pas rester dans le traditionnel royaume féminin du foyer mais s'aventure au-dehors pour défier les lois de son tuteur mâle, Créon est d'abord présenté comme un homme qui fait de son mieux pour gouverner sa cité, dans le cadre d'un État de droit.

Antigone ne manifestant aucun remords pour son crime, Créon ordonne de l'enterrer vivante – cruelle méthode d'exécution conçue pour l'innocenter, lui Créon, de toute responsabilité directe dans sa mort. A ce moment-là, le fiancé d'Antigone, Hémon, qui est aussi le fils de Créon, vient plaider pour la vie de la jeune fille auprès de son père, à qui il fait remarquer que la sanction est à la fois barbare et de mauvaise politique, car Antigone va vite devenir une héroïne pour le peuple de Thèbes. Mais Créon reste inflexible, comme les arbres qui ne veulent pas plier devant les torrents d'eau au bord d'un fleuve en crue, comme le marin qui ne veut pas laisser du jeu à ses voiles quand menace le grain. Il donne donc des instructions pour que l'on procède à l'ensevelissement. C'est seulement quand le prophète Tirésias apparaît, révèle la colère des dieux et prédit la terrible punition qui va s'abattre sur lui s'il persiste dans cette voie, que le roi finit par demander l'avis du chœur et décide de relâcher Antigone. Il part aussitôt arrêter le supplice, mais il prend le temps – ce qui se révélera une folie – de s'arrêter en route pour enterrer les restes d'Étéocle, et n'arrive au tombeau que pour trouver Hémon tenant dans ses bras le corps d'Antigone. Elle s'est pendue avec sa ceinture. Hémon retourne alors son épée contre lui-même. Créon rentre chez lui à la nouvelle que sa femme Eurydice s'est tuée aussi, maudissant son mari de son dernier souffle. Écrasé par la tragédie qui a si brutalement fondu sur lui, Créon est emmené, et le chœur reste en scène pour méditer la leçon : l'essentiel du bonheur est la sagesse, qu'il faut associer au respect des dieux.

Devenir d'un imaginaire

Il n'y aurait pas eu de marché pour un livre sur les mythes dans l'Athènes du ve siècle, car les Grecs ne les reléguaient pas dans une case particulière de leur vie. Les personnages et les récits mythologiques étaient indissociables de la société grecque. Ils se reflétaient dans toutes les activités sociales, du berceau à la tombe. Se demander si l'Athénien « moyen » du ve siècle « croyait » à toutes ces histoires est probablement un anachronisme. Si la question signifie : « Les acceptait-on comme faits historiques ? », elle s'inscrit dans le débat plus large sur la façon dont les Grecs voyaient l'histoire. Et si par « croyance » nous entendons « foi religieuse », un problème de définition tout à fait semblable se pose.

Les données qui sont parvenues jusqu'à nous suggèrent que la mythologie était une composante naturelle et admise de la vie, opérant simultanément à des niveaux différents. Ses récits donnaient lieu à des divertissements populaires, et c'est la volonté de les exprimer qui a inspiré ces réalisations musicales, poétiques et plastiques pour lesquelles le monde grec est justement célèbre. En même temps, les mythes offraient un réservoir inépuisable d'exemples – pas seulement de comportements bons ou mauvais pour l'édification de la jeunesse, mais aussi des voies du Destin, de la destinée personnelle, des ressorts psychologiques, du mystère de la vie enfin, à méditer par les adultes. De plus, les structures complexes de la mythologie, les fonctions des dieux et des héros, les relations qu'ils entretenaient entre eux, les lieux particuliers auxquels ils étaient associés constituaient la base du complexe réseau de cultes imbriqués dont l'observance était si importante pour la structure sociale grecque.

Toutes les civilisations ont besoin de mythologies, et beaucoup s'en inventent une. Mais la civilisation grecque est un fondement si essentiel du monde occidental, et l'étude de la culture grecque a tenu une telle place dans ses systèmes d'éducation jusqu'à une date relativement récente, que beaucoup de nos sociétés ont adopté des mythes grecs et s'en sont servies au même titre que de leurs propres légendes relatives à l'actualité ou à l'histoire. Les Romains ont ouvert la voie, en adaptant très légèrement le panthéon grec pour faire place à quelques divinités italiques locales, et en reproduisant inlassablement les mythes grecs dans leur littérature et leur art. Pour eux, sous la République comme sous l'Empire, la Grèce représentait la culture et la civilisation. Les Romains soucieux de montrer leur bon goût et leur érudition décoraient les murs de leurs maisons de fresques inspirées des mythes grecs, et reposaient après leur mort dans des sarcophages de marbre dont les panneaux sculptés figuraient les combats des Grecs et des Amazones, ou le dieu du vin Dionysos avec tout son entourage. Le cœur de la poésie romaine était aussi fondamentalement grec. Une bonne part de la mythologie grecque n'a été préservée que par Ovide, poète de l'époque d'Auguste, tandis que son contemporain Virgile légitimait et glorifiait les origines et l'ascension de Rome dans son épopée l'*Énéide*, dont l'histoire commence à la chute de Troie, le plus grand de tous les mythes grecs.

La conversion massive au christianisme ne mit fin ni à la popularité des personnages et des récits mythologiques ni à leur recyclage permanent dans l'art, la musique et la littérature. Lorsque l'Antiquité classique fut redécouverte à la Renaissance, la poésie d'Ovide marqua en profondeur l'imaginaire des poètes et des artistes. Ses vers furent parmi les premiers textes classiques à bénéficier de l'invention de l'imprimerie à la fin du XVe siècle. Ils firent l'objet de traductions aussi nombreuses qu'enthousiastes, et gardèrent une influence fondamentale sur la diffusion et la perception des mythes grecs au cours des siècles suivants. Dès les premières années de la Renaissance, les artistes se plurent à représenter des sujets païens inspirés par la mythologie grecque en même temps que leurs thèmes chrétiens plus conventionnels. C'est ainsi qu'aujourd'hui, au musée des Offices à Florence, *La Naissance de Vénus* ou *Pallas et le Centaure* de Botticelli côtoient les Annonciations ou les Madones du même artiste. L'Italie, et Rome en particulier, devint un important centre d'attraction pour les artistes qui s'intéressaient au passé classique, du début de la Renaissance à une date avancée du XVIIIe siècle. Des artistes de toute nationalité s'y rendirent, dont les Français Nicolas Poussin et Claude Lorrain au XVIIe siècle. Ils trouvaient autant d'inspiration dans l'univers classique que dans le monde chrétien, et les deux traditions se fondaient heureusement à Rome.

Dans l'Europe du Nord, la mythologie classique n'eut jamais la même emprise sur les arts plastiques, mais son impact sur la littérature fut tout à fait évident. Dans l'Angleterre élisabéthaine, par exemple, on traduisait passionnément les textes classiques, tant latins que grecs, si bien que les poètes de cette époque eurent facilement accès aux récits mythologiques. Dans la France du XVIIe siècle aussi, la tragédie grecque trouva une pertinence immédiate aux mains de maîtres comme Racine, qui retravailla à de nouvelles fins d'anciens mythes, dont ceux de Phèdre, d'Andromaque, d'Œdipe, d'Iphigénie.

Le XVIIIe siècle vit la révolution philosophique des Lumières se répandre dans toute l'Europe, et elle s'accompagna d'une certaine réaction contre le mythe grec. En cet âge de raison, certains couvrirent de mépris la frivolité des mythes, et on eut tendance à s'intéresser plutôt aux acquis scientifiques et philosophiques de la Grèce et de Rome. Le tableau de Jacques-Louis David *La Mort de Socrate* est typique de cette attitude. Mais il était impossible d'ignorer entièrement les mythes, et ils continuèrent à offrir une importante matière première aux dramaturges, dont ceux qui écrivirent les livrets des opéras *Admète* et *Sémélé* de Haendel, *Idoménée* de Mozart et *Iphigénie en Aulide* de Glück.

A la fin du siècle, le romantisme l'emporta, et il y eut une énorme vague d'engouement pour tout ce qui était grec. Elle était en partie due au fait que la Grèce était devenue une destination aussi importante que l'Italie dans le « Grand Tour ». Au sein de la jeunesse riche de l'Europe qui avait visité les rives de l'Égée, les esprits les plus pratiques, comme les architectes James Stuart (« l'Athénien ») et Nicholas Revett, tentèrent à leur retour de recréer dans les paysages du Nord les proportions et les styles des édifices en ruine qu'ils avaient vus. Les plus imaginatifs revisitèrent avec l'œil de l'esprit les scènes qu'ils avaient laissées en Grèce, puis réinventèrent le passé classique lui-même dans le grand élan nouveau de la littérature et de l'art « grecs ».

En Grande-Bretagne au moins, la popularité des mythes grecs connut son apogée au XIXe siècle. Ce fut une période fertile en nouvelles traductions des tragédies grecques et d'Homère, qui inspirèrent à leur tour les poètes contemporains. Keats, Byron et Shelley ont tous des dettes envers les classiques. En fait, il est difficile de penser à un poète du XIXe siècle qui n'en ait pas. L'hellénisme du poète lauréat de la reine Victoria, Alfred Lord Tennyson, était tel que même ses descriptions de la cour on ne peut plus anglaise du roi Arthur résonnent d'innombrables échos de l'épopée homérique. Plusieurs de ses poèmes ont été directement inspirés par la mythologie classique, comme ses « Lotos Eaters » – vision typiquement romantique, à la fois exotique et profondément déprimante, de l'épisode des Lotophages abordé très brièvement dans l'*Odyssée*. Son Ulysse, dans *Ulysses*, est un étrange hybride de héros grec et de gentleman victorien toujours en mouvement. Les arts plastiques n'ont pas été en reste, l'achat pour la nation des marbres d'Égine en 1816 les incitant à s'élever à de nouvelles hauteurs « grecques ». Si aujourd'hui nombre de tableaux « grecs » d'artistes comme Lord Leighton ou Lawrence Alma-Tadema nous paraissent comiques tant leur romantisme est excessif, ils étaient pris tout à fait au sérieux à leur époque : on voyait en eux l'une des composantes de la transmission de l'idéal hellénique.

La confortable conception victorienne de l'hellénisme

fut brisée à grand fracas par la Première Guerre mondiale. Beaucoup de jeunes gens qui entrèrent dans les Dardanelles pour aller mourir à Gallipoli se voyaient ou étaient perçus par leurs amis comme la réincarnation des héros grecs qui avaient combattu et péri devant Troie. Mais la guerre devait finir par dissiper cette illusion. Comme l'écrivit plus tard un survivant, Ronald Knox :

> Le grand dieu Pan est mort, et l'univers dont il est le symbole. Nous ne pourrons jamais le retrouver. Et je l'ai su quand j'ai vu l'Hellespont. Il ne m'a fait penser ni à la nef *Argo* ni à la chute de Troie. Ceux qui l'ont peuplé pour moi, ce sont les hommes qui se sont battus et qui sont morts ici il y a quinze ans, des hommes de mon pays, et qui parlaient ma langue.

Néanmoins, l'intérêt de l'Europe occidentale pour le mythe grec ne mourut pas complètement en 1918. L'une des obsessions les plus curieuses pour la mythologie grecque au XXe siècle fut celle de Sigmund Freud, le père de la psychanalyse. Les mythes grecs, avec d'autres aspects du passé classique, furent extrêmement importants pour lui : il comprit qu'ils incarnaient des thèmes humains universels. Il vit en eux à la fois une anticipation et une confirmation de ses théories, et ses œuvres sont pleines d'allusions aux mythes. C'est ainsi qu'il compare sa technique pour amener les patients à exprimer leurs désirs inconscients, censément indestructibles, et la façon dont Ulysse fait parler les fantômes qu'il rencontre dans le monde d'En-bas en les laissant boire le sang sacrificiel. C'est Freud qui fit d'Œdipe un nom connu de tous en baptisant ainsi un complexe qu'il disait avoir identifié chez la plupart des petits garçons : leur tendance à tomber passionnément amoureux de leur mère, et par conséquent à devenir intensément jaloux de leur père. Freud croyait certainement que cela lui était personnellement arrivé, et sur d'autres plans aussi il s'identifiait à Œdipe, « l'homme qui résout les énigmes ». Il était un collectionneur passionné d'antiquités grecques, romaines et égyptiennes, et ses amis et patients semblent n'avoir perdu aucune occasion de lui apporter toutes les représentations d'Œdipe et du Sphinx qu'ils ont pu trouver. Pour son cinquantième anniversaire, les collègues de Freud lui offrirent un médaillon où figuraient sur une face son portrait et sur l'autre Œdipe et le Sphinx, avec un vers de l'*Œdipe roi* de Sophocle : « Cet expert en énigmes fameuses, qui était devenu le premier des humains. »

Tout au long du XXe siècle, les mythes grecs ont continué à inspirer des poètes et des écrivains. En 1922, par exemple, James Joyce publiait *Ulysse*, une épopée moderne qui comprime les dix années du retour d'Ulysse à Ithaque en une seule journée dans la vie d'un juif irlandais à Dublin. Éole, roi des vents, devient ici un directeur de journal contrôlant les courants de l'opinion publique, les Sirènes sont des serveuses de bar, et Circé, qui transformait les hommes en pourceaux, règne sur un bordel. Les mythes grecs ont aussi joué un rôle important pour T. S. Eliot. Le personnage principal de *La Terre gaste*, par exemple, est le prophète thébain aveugle Tirésias. Par ailleurs, on a beaucoup traduit et adapté. En 1944, une nouvelle version de l'*Antigone* de Sophocle due au dramaturge français Jean Anouilh a montré que son thème central – conscience individuelle contre raison d'État – pouvait être d'une pertinence immédiate et tout à fait impérative dans des situations politiques contemporaines. Mais la plus poétique de toutes les traductions est certainement l'adaptation libre par W. B. Yeats du chœur de l'*Œdipe à Colone* de Sophocle. La troisième strophe est une évocation particulièrement belle et vivante du mythe de Déméter et Perséphone, celui par lequel nous avons commencé :

Who comes into this country, and has come
Where golden crocus and narcissus bloom,
Where the Great Mother, mourning for her daughter
And beauty-drunken by the water
Glittering among grey-leaved olive trees,
Has plucked a flower and sung her loss ;
Who finds abounding Cephisus
Has found the loveliest spectacle there is.

[Celui qui vient dans ce pays, qui est venu
Où fleurissent les safrans d'or et les narcisses,

Là où la Grande Mère, en larmes pour sa fille
Et ivre de beauté au bord de l'eau
Qui brille entre les oliviers aux feuilles grises,
A cueilli une fleur et chanté sa douleur ;
Celui qui voit l'eau abondante du Céphise
A trouvé le spectacle le plus charmant qui soit.]

Même à la fin du XXe siècle, les mythes grecs gardent leur attrait. Certes, les vieux récits apparaissent parfois sous des habits neufs bien étranges : Héraklès est le Superman d'aujourd'hui, l'*Odyssée* moderne est le voyage du vaisseau spatial *Enterprise* dans *Startrek*. Mais – le fait même qu'ils sont toujours retravaillés en est la preuve – la puissance de l'imaginaire qu'ils nous ont légué reste intacte.

Conseils de lecture

La façon la plus directe, et aussi la plus agréable, d'entrer en contact avec les mythes grecs, c'est de les lire tels qu'ils ont été racontés par les Grecs et les Romains eux-mêmes. L'essentiel de la littérature grecque et latine est disponible en traduction. Les volumes de la Loeb Classical Library donnent le texte original en regard de la traduction anglaise. Beaucoup de ces traductions ont été rédigées il y a un certain temps, et leur langue est parfois archaïque. Mais elles sont encore très utiles à quiconque sait un peu de grec ou de latin, et souhaite voir de temps en temps ce que dit exactement la version originale. Pour la plupart des lecteurs, cependant, les classiques Penguin offrent une alternative moins onéreuse et plus moderne. La plupart des grands textes figurent dans leur catalogue, et ils sont faciles à trouver, à transporter et à lire. Leur qualité stylistique est variable : les traductions de l'*Iliade* et de l'*Odyssée* sont généralement considérées comme plus réussies que celles des tragédies grecques. Pour ces dernières, D. Grene et

R. Lattimore proposent des traductions un peu plus poétiques dans *The Complete Greek Tragedies*, Chicago, 1959. En dehors de l'*Iliade*, de l'*Odyssée* et des tragiques, la source antique la plus importante pour les mythes grecs est probablement Ovide. La traduction la plus accessible des *Métamorphoses* est, là encore, l'édition Loeb. On peut aussi aborder les mythes grecs à travers l'art grec. Le livre de T. H. Carpenter, *Art and Myth in Ancient Greece*, Londres, 1989, sera ici un guide précieux.

Il existe plusieurs dictionnaires de mythologie grecque. L'*Oxford Classical Dictionary*, Oxford, 1969, donne de brefs articles pour les personnages mythologiques, ainsi que pour les auteurs antiques et les personnages historiques. Mais le *Dictionnaire de la mythologie grecque et romaine* de Pierre Grimal (trad. angl., Oxford, 1986) est moins aride et bien plus riche en informations : on y trouvera le récit détaillé de tous les mythes grands et petits, une série d'arbres généalogiques fort utiles et de nombreuses illustrations bien choisies. Le *Lexicon Iconographicum Mythologiae Classicae (LIMC)* est l'œuvre d'une très vaste équipe internationale d'historiens de l'art et d'archéologues. Son objectif : réunir toutes les représentations artistiques connues de tous les personnages de la mythologie grecque et romaine. il résume aussi des sources littéraires. Les quatre premiers doubles volumes vont jusqu'à Héraklès, et, quand le *LIMC* sera complet, il remplacera l'ouvrage plutôt dépassé utilisé actuellement sur le sujet, l'*Ausführliche Lexikon der griechischen und römischen Mythologie* de Roscher (Leipzig, 1884-1937).

Un très grand nombre de livres généraux, conçus pour

s'adresser à des groupes d'âge différents, racontent les mythes grecs. On peut les trouver dans toutes les librairies et bibliothèques, et le choix entre tous ces titres est une question de préférence personnelle. Dans le champ de l'interprétation du mythe, les Français sont actuellement en tête. On lira de bonnes introductions aux façons de penser actuelles dans deux recueils d'essais récents : R. L. Gordon (éd.), *Myth, Religion and Society*, Cambridge, 1981, et J. Bremmer (éd.), *Interpretations of Greek Mythology*, Londres, 1988.

*

* *

NOTE BIBLIOGRAPHIQUE DU TRADUCTEUR

Les traductions françaises des textes antiques

Homère, Hésiode, les tragiques grecs et Ovide sont aisément accessibles en traduction française. La collection de référence, avec le texte original en regard, est celle des Belles Lettres, mais la plupart de leurs œuvres existent aussi en collection de poche (Le Livre de Poche, Folio, Garnier-Flammarion, etc.). et l'on trouve dans la « Bibliothèque de la Pléiade » (Gallimard) les épopées homériques (un volume réunit l'*Iliade* et *l'Odyssée*) et les tragiques grecs (un volume réunit Eschyle et Sophocle, un autre est consacré à Euripide). Des versions plus anciennes existent aussi, parfois dues à des traducteurs prestigieux : Leconte de Lisle pour l'*Iliade* et l'*Odyssée* (cette dernière a été rééditée, Presses-Pocket, 1990), Paul Claudel pour l'*Orestie* d'Eschyle.

Parmi toutes ces traductions, certaines sont très réussies – en particulier celle de l'*Odyssée* par Victor Bérard (1924), qui restitue le souffle de l'épopée homérique par les assonances et la prose rythmée (c'est la traduction des Belles Lettres, de la Pléiade, du Livre de Poche et de Folio). Mais le besoin s'est fait sentir ces dernières années de diversifier les approches, de faire du neuf. D'où une vague de traductions nouvelles, qui cherchent à mieux communiquer au lecteur actuel l'expérience esthétique de la lecture en grec et le sens vivant du texte antique. En voici quelques-unes :

Homère, *Odyssée*, trad. fr. de Philippe Jaccottet, La Découverte, 1982 (très belle, en vers libres).

Homère, *Iliade* et *Odyssée*, trad. fr. de Frédéric Mugler, La Différence, 1989 et 1991 respectivement (très belle aussi, entièrement en vers de quatorze pieds, avec le texte grec en regard).

Homère, *Odyssée*, trad. fr. de Louise Mistral, préface de Léopold Sédar Senghor, Z'éditions, 1990.

Des dieux et des héros, trad. fr. de François Rosso, Arlea, 1993 (ce sont les hymnes homériques).

Hésiode, *Théogonie*, trad. fr. d'Annie Bonnafé, Rivages, 1993.

Eschyle, *Théâtre*, trad. fr. de Louis Bardollet et Bernard Deforge, Denoël, « Médiations », 1975.

Sophocle, *Électre*, trad. fr. d'Antoine Vitez, Actes-Sud, 1986.

Sophocle, *Œdipe roi,* trad. fr. de Jean et Mayotte Bollack, Minuit, 1985.

Sophocle, *Œdipe à Colone*, trad. fr. de Bruno Bayen, Bourgois, 1987.

Euripide, *Les Bacchantes*, trad. fr. de Jean-Daniel Magnin, Actes-Sud-Papiers, 1991.

Euripide, *Iphigénie à Aulis*, trad. fr. de Jean et Mayotte Bollack, Minuit, 1990.

Euripide, *Médée*, trad. fr. de Marie Cardinal, Grasset, 1987 (admirable de simplicité et de force).

Euripide, *Médée*, trad. fr. de Gérard-Henri Durand, Actes-Sud-Papiers, 1989.

Les récits des mythes grecs

Pour un premier contact avec le sujet, le mieux est de lire *La Mythologie grecque* de Pierre Grimal, Paris, PUF, coll. « Que sais-je ? », dernière édition, 1992 – et bien sûr d'utiliser le *Dictionnaire de la mythologie grecque et romaine* du même auteur, Paris, PUF, 10e éd., 1990. On pourra se référer aussi au *Dictionnaire des mythologies*, paru sous la direction d'Yves Bonnefoy (Flammarion, 1981) : il ne traite pas uniquement de mythologie grecque, mais ses articles sont clairs, précis et assez développés.

Si l'on veut s'informer plus avant, *La Mythologie : ses dieux, ses héros, ses légendes*, d'Edith Hamilton, Marabout, 1979, offre une présentation des mythes grecs détaillée et agréable à lire (avec un supplément sur la mythologie nordique).

Si l'on veut vraiment tout savoir, ou si l'on recherche un détail très précis, l'ouvrage le plus complet et le plus approfondi est : Robert Graves, *Les Mythes grecs* (2 vol., trad. fr. de Mounir Hafez, Hachette, coll. « Pluriel », 1983). L'auteur, par ailleurs romancier de talent, a accompli là un travail considérable. Il recense tous les mythes grecs, les rapporte clairement et les commente dans de longues notes fort intéressantes et très lisibles. Ce livre existe aussi en édition reliée et illustrée (Fayard, 1988).

Si l'on préfère rire un peu, on choisira *Les dieux s'amusent, précis de mythologie grecque,* de Denis Lindon (Lattès, 1984), où l'on pourra s'instruire gaiement sur les divinités, Thésée, Hercule, la guerre de Troie et les retours.

Enfin, si l'on s'intéresse au devenir des mythes, le livre à retenir est : Ariane Eissen, *Les Mythes grecs*, Paris, Belin, 1993. Il raconte chaque mythe, examine ses expressions dans la littérature antique, recense et analyse ses interprétations (pour Œdipe par exemple, psychanalytiques, historiques, anthropologiques, religieuses), résume sa « postérité » (dans ce cas : l'*Œdipe* de Corneille, de Voltaire, de Gide, *La Machine infernale* de Cocteau, *Les Gommes* de Robbe-Grillet, l'*Œdipe roi* de Pasolini), et donne une bibliographie et une iconographie.

La littérature française et la mythologie grecque

Les œuvres de notre littérature inspirées des mythes grecs vont des grandes tragédies de Racine *(Andromaque*, *Phèdre*, *Iphigénie…)* aux mythes revus et corrigés du XXe siècle, en passant par l'*Amphitryon* de Molière, les *Aventures de Télémaque* de Fénelon, et même une *Iliade travestie* volontairement bouffonne que Marivaux a commencée dans sa jeunesse (il s'est arrêté au chant VI). Parmi les auteurs du XXe siècle, citons Anouilh *(Antigone*, *Médée)*, Camus *(Le Mythe de Sisyphe)*, Cocteau (*La Machine infernale* – sur Œdipe), Gide *(Œdipe, Thésée)*, Giraudoux *(La Guerre de Troie n'aura pas lieu*, *Électre*, *Amphitryon 38)* et Sartre *(Les Mouches* – sur Électre –, *Les Troyennes)*, sans oublier Giono qui, dans *Naissance de l'Odyssée*, ne réinterprète pas le mythe mais le sape.

L'interprétation des mythes

Comme l'indique Lucilla Burn, c'est en France un champ de recherches très actif. La mythologie en général a stimulé la réflexion d'importants penseurs français, comme Georges Dumézil (*Mythe et Épopée*, PUF, 1968), Claude Lévi-Strauss (*Anthropologie structurale*, Plon, 1974) ou Roland Barthes (*Mythologies*, Le Seuil, coll. « Points », 1970). Sur le mythe grec en particulier, on lira l'interprétation psychanalytique de Paul Diel, *Le Symbolisme dans la mythologie grecque*, préface de Gaston Bachelard, Payot, 1989.

Mais c'est surtout Marcel Detienne, Jean-Pierre Vernant, Pierre Vidal-Naquet, Paul Veyne qui ont publié une série d'ouvrages novateurs, remettant le mythe en contexte. Citons, de Marcel Detienne, *Les Jardins d'Adonis : la mythologie des aromates en Grèce* (Gallimard, 1972), *Dionysos mis à mort* (Gallimard, 1977), *L'Invention de la mythologie* (Gallimard, 1981), *Dionysos à ciel ouvert* (Hachette, 1986) ; de Jean-Pierre Vernant, *Les Origines de la pensée grecque* (PUF, 3e éd., 1988), *Mythe et Pensée chez les Grecs* (La Découverte, 4e éd., 1990), *Mythe et Société en Grèce ancienne* (Maspero, 1974), *Mythe et Religion en Grèce ancienne* (Le Seuil, 1990) ; de Jean-Pierre Vernant et Pierre Vidal-Naquet, *Mythe et Tragédie en Grèce ancienne* (La Découverte, 1972), *Mythe et Tragédie deux* (La Découverte, 1986), *Œdipe et ses Mythes* (Complexe, 1988) ; de Marcel Detienne et Jean-Pierre Vernant, *Les Ruses de l'intelligence, la mètis des Grecs* (Flammarion, coll. « Champs », 1978) ; de Paul Veyne, *Les Grecs ont-ils cru à leurs mythes ?* (Le Seuil, 1983).

Parmi les ouvrages récents, citons aussi : Claude Calame, *Thésée et l'Imaginaire athénien*, Payot, 1990 ; Pierre Levêque et Louis Séchan, *Les Grandes Divinités de la Grèce* (Colin, 1990) ; Pierre Chuvin, *La Mythologie grecque. Des premiers hommes à l'apothéose d'Héraklès* (Fayard, 1992), qui étudie l'enchaînement historique des versions successives des mythes dans l'Antiquité grecque. Enfin, *La Vie quotidienne des dieux grecs* (Hachette, 1989) de Giulia Sissa (qui a écrit la première partie sur les dieux « activistes » d'Homère) et Marcel Detienne (qui a rédigé la seconde sur « les dieux dans la cité ») apporte sur la question un éclairage original et instructif.

*

Les citations des textes grecs qu'on a pu lire dans ce livre sont extraites des traductions françaises suivantes :

Homère, *Hymne à Déméter,* in *Hymnes*, trad. fr. de J. Humbert, Paris, Les Belles Lettres, Collection des Universités de France.

Homère, *Iliade*, trad. fr. de Paul Mazon, Paris, Les Belles Lettres, Collection des Universités de France ; rééd., Le Livre de poche.

Homère, *Odyssée*, trad. fr. de Victor Bérard, Paris, Les Belles Lettres, Collection des Universités de France ; rééd., Le Livre de poche.

Hésiode, *La Théogonie*, *Les Travaux et les Jours*, in *Œuvres*, trad. fr. de Paul Mazon, Paris, Les Belles Lettres, Collection des Universités de France.

Sophocle, *Œdipe roi*, in *Tragédies*, trad. fr. de Paul Mazon, Paris, Les Belles Lettres, Collection des Universités de France ; rééd., Le Livre de poche.

Index

Table

Les Éditions Points s'engagent pour la protection de l'environnement et une production française responsable

Ce livre a été imprimé en France, sur un papier certifié issu de forêts gérées durablement, chez un imprimeur labellisé Imprim'Vert, marque créée en partenariat avec l'Agence de l'eau, l'ADEME (Agence de l'environnement et de la maîtrise de l'énergie) et l'UNIIC (Union nationale des industries de l'impression et de la communication).

La marque Imprim'Vert apporte trois garanties essentielles :

- La suppression totale de l'utilisation de produits toxiques
- La sécurisation des stockages de produits et de déchets dangereux
- La collecte et le traitement de produits dangereux

RÉALISATION : PAO ÉDITIONS DU SEUIL
IMPRESSION : NORMANDIE ROTO IMPRESSION S.A.S À LONRAI
DÉPÔT LÉGAL : JUILLET 2023. N° 153082 (2300779)
Imprimé en France